WISSEN FÜR DIE PRAXIS

Weiterführend empfehlen wir:

Schenken und Erben ohne Finanzamt
ISBN 978-3-8029-4153-5

Finanzielle Fragen rund um die Rente
ISBN 978-3-8029-4155-9

Der Ruhestandsbeamte
ISBN 978-3-8029-1002-9

Weitere Titel unter: www.WALHALLA.de

Wir freuen uns über Ihr Interesse an diesem Buch. Gerne stellen wir Ihnen zusätzliche Informationen zu diesem Programmsegment zur Verfügung.
Bitte sprechen Sie uns an:
E-Mail: WALHALLA@WALHALLA.de
http://www.WALHALLA.de
Walhalla Fachverlag · Haus an der Eisernen Brücke · 93042 Regensburg
Telefon 0941 5684-0 · Telefax 0941 5684-111

WALHALLA

Wolfgang Benzel · Dirk Rott

Steuerratgeber für Rentner und Ruhestandsbeamte Ausgabe 2023

Für Ihre Steuererklärung 2022

WALHALLA Rechtshilfen

Bibliografische Information der Deutschen Nationalbibliothek
Die Deutsche Nationalbibliothek verzeichnet diese Publikation in der Deutschen Nationalbibliografie; detaillierte bibliografische Daten sind im Internet über www.dnb.de abrufbar.

Zitiervorschlag:
Wolfgang Benzel/Dirk Rott, Steuerratgeber für Rentner und Ruhestandsbeamte, Ausgabe 2023
Walhalla Fachverlag, Regensburg 2022

Hinweis: Unsere Werke sind stets bemüht, Sie nach bestem Wissen zu informieren. Alle Angaben in diesem Buch sind sorgfältig zusammengetragen und geprüft. Durch Neuerungen in der Gesetzgebung, Rechtsprechung sowie durch den Zeitablauf ergeben sich zwangsläufig Änderungen. Bitte haben Sie deshalb Verständnis dafür, dass wir für die Vollständigkeit und Richtigkeit des Inhalts keine Haftung übernehmen.
Oktober 2022

Produktion: Walhalla Fachverlag, 93042 Regensburg
Printed in Germany
ISBN 978-3-8029-3191-8

Inhaltsverzeichnis

Ein Steuerratgeber für Ruheständler, wozu?

Das am 01.01.2005 in Kraft getretene Alterseinkünftegesetz hat für die Besteuerung von Renten einen Systemwechsel eingeleitet, der für eine Vielzahl von Rentnern und Pensionären steuerliche Konsequenzen hat. Mussten für das Steuerjahr 2005 ca. 2,7 Mio. Rentnerhaushalte Steuern zahlen, so waren es für das Steuerjahr 2020 bereits ca. 6,8 Mio. von rund 21,8 Mio. Rentnerhaushalten. Aufgrund der langen Fristen für die Steuerveranlagung kann die Zahl der Rentnerhaushalte, die Steuern zahlen jedoch noch höher sein. 2022 dürften aufgrund von Rentenerhöhungen nochmals ca. 110.000 hinzukommen.

Darüber hinaus führen veränderte Lebensumstände in der Bundesrepublik Deutschland dazu, dass neben Renten und Pensionen immer öfter weitere Einkünfte erzielt werden, sei es im Rahmen einer selbstständigen oder gewerblichen Tätigkeit, eines Angestelltenverhältnisses, aus Mieten oder aus Kapitalvermögen. Somit erhält die Beschäftigung mit der eigenen Steuererklärung auch im Ruhestand wieder eine größere Bedeutung.

Ziel dieses Fachratgebers ist, Sie in die Lage zu versetzen, unter Nutzung aller legalen Möglichkeiten Ihre Steuererklärung selbst zu erstellen und Ihnen die Gewissheit zu geben, an alles gedacht zu haben.

Besonderer Wert wurde auf eine verständliche Sprache ohne komplizierte Formulierungen gelegt. Auch wurde vermieden, Sie mit Paragrafen und sonstigen Fundstellen zu belasten.

Beachten Sie bitte zudem, dass es nicht möglich ist, jeden Individualfall darzustellen. Sollten in dem einen oder anderen Fall differenziertere Informationen zu einem Thema erforderlich sein, so ist entweder eine zusätzliche Literaturrecherche oder die Nachfrage beim Steuerberater nötig, um die noch offenen Fragen zu beantworten.

Wichtig: Das „Steuerdickicht" in Deutschland ist häufig selbst für den Fachmann nur schwer zu durchblicken. Sie sollten sich daher nicht scheuen, in besonders komplizierten Fallgestaltungen einen Steuerberater aufzusuchen. Nehmen Sie zur Besprechung den Ratgeber als „roten Faden" mit. So kommen Sie schneller auf den Kern Ihrer Frage.

Grundlage dieses Ratgebers sind die einschlägigen Steuergesetze. Dies ist insbesondere das Einkommensteuergesetz (EStG) mit den hierzu ergangenen Verwaltungsanweisungen. Darüber hinaus sind die aktuellen Urteile der Finanzgerichte (FG) und des Bundesfinanzhofs (BFH) wesentlich. Denn nur wer die Entscheidungen der Finanzgerichte kennt, kann seine Steuererklärung optimal gestalten.

Zunächst erfahren Sie, was unter „Einkommensteuererklärung" zu verstehen ist. Bereits anhand dieser Ausführungen können Sie feststellen, ob Sie überhaupt eine Steuererklärung abgeben müssen oder unter welchen Umständen es für Sie sinnvoll ist, es ohne Abgabepflicht dennoch zu tun. Anschließend wird die Systematik des Einkommensteuerrechts dargestellt. Wer diese Systematik kennt, kann vieles besser zuordnen und so die eigene Steuererklärung Schritt für Schritt selbst erstellen.

Sollten Sie Fragen zu einzelnen Themen haben, stehen hierfür die Ausführungen in den jeweiligen Kapiteln zur Verfügung. Hier wird dargestellt, wie sich die Einkünfte aus Renten, nichtselbstständiger Arbeit (Einkünfte als Pensionär) und weiterer relevanter Einkunftsarten, zum Beispiel aus Vermietung oder einem Nebenjob, errechnen. Hieran schließen sich die Schritte bis zum zu versteuernden Einkommen an. Ergänzende Tipps und Informationen finden Sie am Ende des Ratgebers übersichtlich zusammengefasst.

Für Rentner oder Ruhestandsbeamte mit Bezügen nur aus einer Einkunftsart, nämlich der Rente oder der Versorgung sind die Kapitel 5 „Einkünfte aus Renten" (für Rentner) oder Kapitel 6 „Einkünfte aus nichtselbstständiger Arbeit und Versorgungsbezügen" (für Ruhestandsbeamte) von besonderem Interesse. Die Ausführungen zu anderen Einkunftsarten können dann außer Acht gelassen werden, wohingegen Themen wie „Außergewöhnliche Belastung" und „Steuerermäßigungen" altersbedingt besonders interessant sind. Hilfreich ist hierfür das ausführliche Stichwortverzeichnis; auch spezifische Sachverhalte lassen sich so schnell nachschlagen.

Das Steuerrecht in Deutschland ist weltweit wohl eines der kompliziertesten. Das lässt sich schon daran erkennen, dass ein Großteil der Steuerliteratur weiltweit in deutscher Sprache verfasst ist. Deshalb ist es wichtig, alle Umstände zu kennen, die für die eigene Lebenssituation steuerlich relevant sind. Nur so ist es möglich, die eigene steuerliche Situation zu optimieren und nicht mehr Steuern zu zahlen als nötig. Dabei lässt sich das Steuerrecht auf **drei Fragen** reduzieren:

Bin ich betroffen?

Wer betroffen ist, haben wir in diesem Ratgeber in Kapitel 1 „Die Einkommensteuererklärung" detailliert erläutert. In diesem Kapitel erfahren Sie nicht nur, ob Sie betroffen sind, sondern auch, bis wann Sie Ihre Steuererklärung bei welchem Finanzamt abgeben müssen. Auch wenn Sie von der Einkommensteuer betroffen sind, müssen Sie nicht zwangsweise eine Steuererklärung abgeben.

Aber: Selbst, wenn Sie nicht gesetzlich dazu verpflichtet sind, eine Steuererklärung abzugeben, kann es von großem Vorteil sein, eine Steuererklärung freiwillig abzugeben: Im Durchschnitt lag die Einkommensteuererstattung in den letzten Jahren bei 1.027 Euro!

Was muss ich wissen?

Alles, was Sie wissen müssen, erfahren Sie in diesem Ratgeber anschaulich, strukturiert und mit vielen Beispielen. In den einzelnen Kapiteln erhalten Sie folgende Informationen:

Kapitel 1	Wer muss bis wann wo seine Einkommensteuererklärung abgeben?
Kapitel 2	Hier erfahren Sie, wie das deutsche Einkommensteuerrecht in seiner Systematik funktioniert.
Kapitel 3	Hier erfahren Sie, wie Sie Ihre Einkommensteuererklärung Schritt für Schritt erstellen.
Kapitel 4	Hier finden Sie einen Musterfall inklusive aller Berechnungen und der ausgefüllten Steuerformulare.
Kapitel 5	Hier erfahren Sie, was alles zu den Einkünften aus Renten zählt, wer von der Besteuerung betroffen ist und wie Renten und Rentenanpassungen besteuert werden.
Kapitel 6	Wie werden Versorgungsbezüge (z. B. Pensionen oder Betriebsrenten) von Pensionären, aber auch ehemaligen Arbeitnehmern steuerlich behandelt?

Kapitel 7–10	Hier werden die restlichen Einkunftsarten, wie z. B. Einkünfte aus einer Nebentätigkeit, aus Vermietung und Verpachtung oder aus Kapitalvermögen und deren Ermittlung, erläutert.
Kapitel 11–13	Hier erfahren Sie, wie Sie von der Summe der Einkünfte beginnend, Ihr zu versteuerndes Einkommen ermitteln.

Was muss ich tun?

Sie müssen die amtlichen Vordrucke für die Steuererklärung ausfüllen und diese entweder in Papierform bei dem für Sie zuständigen Finanzamt nebst Belegen abgeben oder elektronisch an die Finanzverwaltung übermitteln.

In Kapitel 3 ist erläutert, wie Sie sich bei dem von der Finanzverwaltung zur elektronischen Abgabe zur Verfügung gestellten Onlineportal registrieren (www.elster.de).

In Kapitel 4 dieses Ratgebers finden Sie einen Musterfall, der ergänzend zu den Erläuterungen in diesem Ratgeber als Ausfüllhilfe dienen soll. Anhand dieses Musterfalls haben Sie die Möglichkeit, sich direkt über die Systematik der Formulare mit dem Thema Steuererklärung auseinanderzusetzen. In vielen Fällen kann die Bearbeitung unter Zuhilfenahme des Musterfalls bereits erfolgreich abgeschlossen werden, ohne sich mit weiteren Detailfragen beschäftigen zu müssen.
Arbeiten Sie unseren Ratgeber durch, er ist klar strukturiert und für den Laien verständlich geschrieben. Sie werden sehen, das deutsche Einkommensteuerrecht ist nicht kompliziert, es muss nur verständlich erklärt werden.

Herzlichen Dank an dieser Stelle für die sehr gute Resonanz auf diesen Steuerratgeber sowie für die sachlichen Anregungen. Wo immer möglich und sinnvoll, werden diese bei einer Neuauflage berücksichtigt.

Prof. Dr. Wolfgang Benzel
Steuerberater und Diplom-Kaufmann

Dirk Rott
Diplom-Kaufmann

Wichtige Änderungen 2022

Hier erhalten Sie einen Überblick über die wichtigsten steuerlichen Änderungen des Jahres.

Anhebung des Einkommensteuer-Grundfreibetrags

Der Grundfreibetrag (2021: 9.744 Euro) wurde wie folgt erhöht:
- ab Veranlagungszeitraum 2022 um 603 Euro auf 10.347 Euro
- ab Veranlagungszeitraum 2023 um weitere 285 Euro auf 10.632 Euro

Kinderfreibetrag und Kindergeld

Der Kinderfreibetrag (2020: 2.586 Euro) wurde wie folgt erhöht:
- Seit Veranlagungszeitraum 2021 auf 2.730 Euro
- Zu den Beträgen kommt jeweils der Freibetrag für Betreuung, Erziehung und Ausbildung in Höhe von 1.464 Euro (2020: 1.320 Euro) hinzu.
- Bei Ehegatten, die gemeinsam zur Einkommensteuer veranlagt werden, verdoppeln sich die Beträge.

Das Kindergeld beträgt 219 Euro für erste und zweite Kinder, 225 Euro für dritte Kinder, jeweils 250 Euro für das vierte und jedes weitere Kind.

Seit 2018 kann das Kindergeld nur noch für sechs Monate rückwirkend beantragt werden. Mit dieser Regelung soll der missbräuchlichen und betrügerischen Geltendmachung von Kindergeld entgegengewirkt werden.

Baukindergeld

Zur Förderung von Wohneigentum wurde im Jahr 2018 das Baukindergeld eingeführt. Antragsberechtigt sind Familien und Alleinerziehende mit mindestens einem minderjährigen Kind, die erstmalig Wohneigentum erwerben wollen. Pro Kind erhalten Antragsberechtigte 12.000 Euro, die in zehn jährlichen Raten zu je 1.200 Euro ausgezahlt werden. Der Antrag ist bei der Kreditanstalt für Wiederaufbau (KfW) über das KfW-Zuschussportal zu stellen. Im Detail gelten folgende Anspruchskriterien:

- Die Förderung kann rückwirkend für Kaufverträge oder Baugenehmigungen ab 01.01.2018 bis 31.03.2021 beantragt werden (die ursprüngliche Frist 31.12.2020 wurde um drei Monate verlängert). Bei einem Neubau ist das Datum der Ausstellung der Baugenehmigung, beim Erwerb das Datum der Unterzeichnung des notariellen Kaufvertrags maßgeblich.
- Das zu versteuernde Haushaltsjahreseinkommen darf den Grundfreibetrag von 75.000 Euro zuzüglich einem Erhöhungsbetrag von 15.000 Euro pro Kind nicht übersteigen (Beispiel: Bei einer Familie mit einem minderjährigen Kind darf das Haushaltsjahreseinkommen 90.000 Euro nicht übersteigen).
- Die Antragsteller (die Eltern) müssen Kindergeld beziehen bzw. Anspruch auf den Kinderfreibetrag haben.
- Der Förderantrag ist spätestens drei Monate nach Einzug oder im Fall des Erwerbs nach Unterzeichnung des notariellen Kaufvertrags zu stellen.
- Förderfähig ist nur der erste Erwerb/Neubau einer selbstgenutzten Immobilie.
- Die Immobilie befindet sich in Deutschland.
- Die Immobilie muss über den Zehnjahreszeitraum ununterbrochen selbst genutzt werden.

Beispiel:

Hans und Petra Müller, verheiratet, 2 Kinder (2 und 5 Jahre alt), haben zusammen ein zu versteuerndes Jahreseinkommen von 76.000 EUR.
Für den Erwerb (Unterzeichnung Notarvertrag am 31.08.2020) ihrer allerersten selbstgenutzten Immobilie können sie Baukindergeld in Höhe von 24.000 EUR erhalten. Antragsberechtigt sind sie, denn es handelt sich um eine Immobilie in Deutschland, die Eltern haben 2 minderjährige Kinder, das zu versteuernde Haushaltsjahreseinkommen liegt unter dem Höchstbetrag (dieser beträgt 75.000 EUR + 2 × 15.000 EUR = 105.000 EUR) und sie werden die Immobilie ausschließlich selbst zu eigenen Wohnzwecken nutzen.
Die Auszahlung des Baukindergelds erfolgt jährlich in Höhe von 2.400 EUR. Ebenfalls sind jährlich die Anspruchsvoraussetzungen (z. B.

Selbstnutzung der Immobilie durch Meldebescheinigung oder das Nichtüberschreiten des Haushaltsjahreseinkommens durch Steuerbescheid) nachzuweisen.

Höherer Freibetrag für Unterhaltsaufwendungen

Der Freibetrag für Unterhaltsaufwendungen (siehe dazu Kapitel 9) wurde für das Steuerjahr 2022 von 9.744 Euro auf 9.984 Euro angehoben.

Höherer Sonderausgabenabzug für Vorsorgeaufwendungen

Beitragszahlungen zur gesetzlichen Rentenversicherung, in ein berufliches Versorgungswerk oder in eine Rürup-Rentenversicherung sind 2022 bis zu einer Höhe von 25.639 Euro/51.278 Euro (Ledige/zusammenveranlagte Eheleute) begünstigt. Davon sind 2022 94 Prozent als Sonderausgaben abziehbar, also maximal 24.101 Euro/48.202 Euro. Bei der Einzahlung in eine gesetzliche Rentenversicherung muss jedoch der Arbeitgeberanteil der Beträge zur Rentenversicherung von den Vorsorgeaufwendungen abgezogen werden.

Geänderte Fristen für die Einkommensteuererklärung

Aufgrund der Corona-Pandemie wurden die Abgabefristen für die Einkommensteuererklärungen bis einschließlich 2024 geändert.

- Die Steuererklärung für den Besteuerungszeitraum 2022 muss bis spätestens 02.10.2023 beim Finanzamt sein.
- Die Steuererklärung für den Besteuerungszeitraum 2023 muss bis spätestens 02.09.2024 beim Finanzamt sein.
- Die Steuererklärung für den Besteuerungszeitraum 2024 muss bis spätestens 31.07.2025 beim Finanzamt sein.

Diese Fristen gelten, wenn Sie Ihre Steuererklärung selbst erstellen. Sollten Sie Ihre Steuererklärung durch einen Steuerberater oder Lohnsteuerhilfeverein erstellen lassen, gelten die folgenden Fristen:

Fristverlängerung für fachkundig vertretene Steuerpflichtige

Steuerpflichtige, die einen Steuerberater oder Lohnsteuerhilfeverein beauftragen, müssen ihre Einkommensteuererklärung

- für den Besteuerungszeitraum 2022 bis zum 31.07.2024
- für den Besteuerungszeitraum 2023 bis zum 02.06.2025
- für den Besteuerungszeitraum 2024 bis zum 30.04.2026

beim Finanzamt abgegeben haben.

Ein steuerlich beratener Arbeitnehmer muss also die Einkommensteuererklärung 2022 bis spätestens 31.07.2024 über seinen Steuerberater beim Finanzamt einreichen. Das gilt allerdings nur für Steuerzahler, die zur Steuererklärung verpflichtet sind.

Neuregelungen zum Verspätungszuschlag

Verspätungszuschläge werden seit den Steuererklärungen für das Jahr 2018 ohne eine Ermessensentscheidung des zuständigen Finanzbeamten festgesetzt. Wird die Steuererklärung nicht innerhalb der folgenden Fristen abgegeben, hat das Finanzamt zwingend einen Verspätungszuschlag festzusetzen. Gründe, warum eine Steuererklärung nicht fristgemäß abgegeben werden konnte, spielen künftig keine Rolle mehr. Wer also zur Steuererklärung verpflichtet ist, muss die Einkommensteuererklärung für das Jahr 2022 innerhalb von 24 Monaten, für das Jahr 2023 innerhalb von 22 Monaten, für das Jahr 2024 innerhalb von 21 Monaten (jeweils nach Ablauf des Kalenderjahres) abgegeben haben; danach wird ein Verspätungszuschlag erhoben.

Der Verspätungszuschlag beträgt für jeden angefangenen Monat 0,25 Prozent der Steuerzahlung, mindestens 25 Euro pro vollen Monat der verspäteten Abgabe. Das gilt auch bei Steuererstattungen.

§ **Wegweisendes Urteil zur Doppelbesteuerung von Renten**

Am 31. Mai 2021 hat der Bundesfinanzhof über zwei Klagen von Rentnern entschieden (Urteil X R 33/19 und Urteil X R 20/19), die davon ausgingen, dass ihre Renten doppelt besteuert werden. Zwar gab es in diesen zwei Einzelfällen keine Doppelbesteuerung, aber trotzdem hat der BFH eine klare Berechnungsformel an die Hand gegeben, wie eine Doppelbesteuerung nachgewiesen werden kann.

Die Berechnungsparameter für die Ermittlung einer etwaigen Doppelbesteuerung einer Rente sind die Folgenden:

Die Berechnung erfolgt nach dem sogenannten Nominalwertverfahren. Demnach ist eine Doppelbesteuerung nicht gegeben, wenn die Summe der voraussichtlich zufließenden steuerfreien Rentenbezüge mindestens so hoch ist wie die eingezahlten Beiträge zur Rentenversicherung, die seinerzeit nicht von der Besteuerung ausgenommen wurden. Als Rentenbezüge berücksichtigen Sie die bereits erhaltenen Bezüge plus die je nach statistischer Lebenserwartung künftig zu erwartenden Rentenbezüge. Der BFH hat hier leider auch festgehalten, dass die Inflation nicht berücksichtigt wird.

Sie ermitteln also anhand der statistischen Lebenserwartung (diese Tabellen finden Sie im Internet), wie viele Jahre Sie noch Rente beziehen werden. Anhand der Anzahl der Jahre multipliziert mit Ihrer Jahresrente kommen Sie dann auf einen Betrag, den Sie statistisch bis zu Ihrem Lebensende erhalten werden. Bitte beachten Sie, dass Sie gegebenenfalls auch Hinterbliebenenrenten hinzuzählen müssen.

Danach ermitteln Sie Ihren lebenslangen Rentenfreibetrag.

Der Rentenfreibetrag multipliziert mit Ihrer statistischen Lebenserwartung ergibt dann den Teil Ihrer Rente, den Sie steuerfrei erhalten werden. Dem steuerfreien Teil Ihrer Rente müssen Sie dann die Rentenbeiträge gegenüberstellen, die während Ihres gesamten Erwerbslebens Ihre Steuer nicht gemindert haben.

Als Nachweis, welchen Betrag Sie in den entsprechenden Jahren von der Steuer absetzen konnten, eignen sich am besten die früheren Steuerbescheide. Alternativ genügen auch Rentenversicherungsverläufe, aus denen sich die Beiträge zur Sozialversicherung ermitteln lassen.

Ausnahmsweise kann der Anteil der aus versteuertem Einkommen geleisteten Rentenbeiträge auch nach sachgerechten Maßstäben geschätzt werden.

Ein Beispiel zum besseren Verständnis:

Beispiel:

Knut ging 2020 mit 67 Jahren in Rente. Sein Geburtsjahr ist also 1953. 2021 bezieht er 1.500 EUR monatlich an Rente aus der gesetzlichen

Rentenversicherung. Seinen steuerfreien lebenslang festzuschreibenden Rentenfreibetrag ermittelt er wie folgt:
1.500 EUR pro Monat × 12 Monate = 18.000 EUR

20 % davon erhält er als lebenslangen Rentenfreibetrag. 20 % von 18.000 EUR sind 3.600 EUR.

20 % × (1500 EUR × 12) = 20 % × 18.000 EUR = 3.600 EUR
Nun benötigen wir noch die statistische Lebenserwartung von Knut. Knut geht also auf die Homepage des Statistischen Bundesamtes und schaut in der Kohortensterbetafel nach, wie lange der Geburtsjahrgang 1953, männlich mit abgeschlossenem 67. Lebensjahr, statistisch noch zu leben hat. Er stellt fest, das sind 17,6 Jahre. Nun kann er ermitteln, wie viele Euro seiner Rente er wahrscheinlich steuerfrei bekommen wird.
Also 17,6 Jahre multipliziert mit dem vorhin ermittelten lebenslangen Rentenfreibetrag von 3.600 EUR jährlich macht 63.360 EUR.

17,6 × 3600 EUR = 63.360 EUR

Nun sucht Knut alle seine alten Steuerbescheide raus. Er addiert Jahr für Jahr die Beiträge zusammen, die er von der Steuer absetzen konnte. Knut kommt hier auf einen Betrag von in Summe 47.490 EUR. Diesen Betrag zieht er nun von seinen insgesamt gezahlten Arbeitnehmerbeiträgen ab. Knut kommt so zum Ergebnis, dass er 112.000 EUR in die Rentenversicherung eingezahlt hat, die mit Steuern belastet waren. Dem gegenüber stehen aber nur 63.360 EUR Rente, die er steuerfrei erhält. Hinterbliebene hat Knut keine, die er bei der Berechnung noch berücksichtigen müsste. Knut kann somit nachweisen, dass der steuerfreie Anteil seiner statistischen Rentenzuflüsse niedriger ist als die mit Steuer belasteten Einzahlungen. Somit hat er eine Doppelbesteuerung nachgewiesen.

63.360 EUR < 112.000 EUR

Was muss Knut nun tun?

Recht einfach: Knut muss nichts weiter tun. Es ist kein Einspruch erforderlich, denn Steuerbescheide ergehen hinsichtlich der „Besteuerung von Leibrenten und anderen Leistungen aus der Basisversorgung" vorläufig. Dies geschieht bei sämtlichen Einkommensteuerfestsetzungen für Veranlagungszeiträume ab 2005, in denen eine Leibrente oder eine andere Leistung aus der Basisversorgung nach dem Einkommensteuergesetz erfasst wird. Das hat das Bundesfinanzministerium mit BMF-Schreiben vom 30.08.2021 bekannt gegeben.

Wichtig: Sollte Ihr Steuerbescheid wegen einer künftigen Entscheidung des Bundesverfassungsgerichts oder des Bundesfinanzhofs zu Ihren Gunsten zu ändern sein, benötigt die Finanzverwaltung weitere Unterlagen von Ihnen. Der Steuerbescheid kann nicht von Amts wegen geändert werden, da dem Finanzamt nicht alle erforderlichen Unterlagen hierfür vorliegen.

Abkürzungen

Abs.	Absatz
AfA	Absetzung für Abnutzung
AUV	Auslandsumzugskostenverordnung
Az.	Aktenzeichen
BGB	Bürgerliches Gesetzbuch
BFH	Bundesfinanzhof
BKGG	Bundeskindergeldgesetz
BStBl	Bundessteuerblatt
BUKG	Bundesumzugskostengesetz
BVG	Bundesversorgungsgesetz
DBA	Doppelbesteuerungsabkommen
EStDV	Einkommensteuer-Durchführungsverordnung
EStG	Einkommensteuergesetz
EÜR	Einnahmenüberschussrechnung
FG	Finanzgericht
GdB	Grad der Behinderung
ggf.	gegebenenfalls
KfW	Kreditanstalt für Wiederaufbau
LStR	Lohnsteuerrichtlinien
lt.	laut
OFD	Oberfinanzdirektion
o. g.	oben genannt
S.	Satz
Stkl.	Steuerklasse
UStG	Umsatzsteuergesetz
vgl.	vergleiche
z. B.	zum Beispiel
ZfA	Zulagenstelle für Altersvermögen
zzgl.	zuzüglich

1.

Wer muss eine Einkommensteuererklärung abgeben?

Grundsätze

Noch immer ist neben „Einkommensteuererklärung“ der Begriff „Lohnsteuerjahresausgleich“ im Umlauf, obwohl diese formale Trennung bereits vor einigen Jahren entfallen ist. Es gibt nämlich kein eigenständiges Lohnsteuerrecht, sondern nur ein Einkommensteuerrecht. Dessen Grundlage ist das Einkommensteuergesetz mit den dazu ergangenen Verwaltungsanweisungen. „Lohnsteuer“ ist dabei nur eine besondere Erhebungsform der Einkommensteuer. Wer als Arbeitnehmer oder als Pensionär aus dem aktiven oder ehemaligen Dienstverhältnis Bruttoarbeitslohn oder Versorgungsbezüge erhält, muss entsprechend der individuellen Merkmale Steuerklasse, Kinder und Konfession monatlich Lohnsteuer zahlen, die durch den Arbeitgeber bzw. die Auszahlungsstelle an das Finanzamt unmittelbar abgeführt wird.

Der letztendlichen Besteuerung wird allerdings das „zu versteuernde Einkommen“ zugrunde gelegt, welches entsprechend den Regeln des Einkommensteuergesetzes ermittelt wird. „Zu versteuerndes Einkommen“ ist das Einkommen, auf welches die Einkommensteuertabelle angewandt wird und aus dem sich die tatsächliche Steuer errechnet. Um das „zu versteuernde Einkommen“ zu ermitteln, müssen vom Jahresbruttoarbeitslohn oder den Versorgungsbezügen Freibeträge, Werbungskosten, Sonderausgaben und außergewöhnliche Belastungen abgezogen werden. Beziehen Sie noch weitere Einkünfte, zum Beispiel aus einer Nebentätigkeit, aus Kapitalvermögen, aus der Vermietung einer Immobilie, sind diese bei der Ermittlung des zu versteuernden Einkommens ebenfalls zu berücksichtigen.

Bei der Veranlagung zur Einkommensteuer wird zwischen den beiden Formen „Pflichtveranlagung“ und der sogenannten freiwilligen „Antragsveranlagung“ unterschieden.

Die Pflichtveranlagung

Aus dem Begriff wird deutlich, dass hier eine Pflicht zur Abgabe der Einkommensteuererklärung besteht. Als Rentner sind Sie seit jeher grundsätzlich verpflichtet, eine Steuererklärung abzugeben. Allerdings ist es in den allermeisten Fällen so – und zwar unabhängig vom alten oder neuen Recht –, dass es aufgrund der niedrigen Einkünfte zu keiner Steuerfestsetzung kam. Die Finanzämter haben dann in aller Regel auf die Erfüllung der Erklärungspflicht verzichtet. Zahlreiche Rentner waren bislang überhaupt nicht steuerlich erfasst. 1

Für viele Rentner ist es deshalb sinnvoll, eine sogenannte „Nichtveranlagungs-Bescheinigung“ (NV-Bescheinigung) zu beantragen – und zwar dann, wenn die Höhe des zu versteuernden Einkommens so niedrig ist, dass keine Steuern anfallen, gleichzeitig aber Zinseinnahmen anfallen, für die Abgeltungsteuer von der Bank einbehalten werden müsste. In diesem Fall sieht die Bank vom Abzug der Abgeltungsteuer normalerweise ab. Außerdem muss keine Einkommensteuererklärung eingereicht werden, nur um die Abzugsbeträge vom Finanzamt wieder erstattet zu bekommen.

Beispiel:

Der ledige Rentner Hans Bauer bezieht im Jahr 2022 eine Altersrente in Höhe von 10.000 EUR. Daneben hat er Zinseinnahmen in Höhe von 2.801 EUR. Da Herrn Bauer ein Sparer-Pauschbetrag in Höhe von 801 EUR bei den Einnahmen aus Kapitalvermögen zusteht, ist die Bank verpflichtet, mindestens vom übersteigenden Zinsbetrag (2.801 EUR ./. 801 EUR = 2.000 EUR) Abgeltungsteuer in Höhe von 25 % zuzüglich Solidaritätszuschlag und evtl. Kirchensteuer einzubehalten.

Da für Herrn Bauer insgesamt aufgrund des zu niedrigen zu versteuernden Einkommens keine Einkommensteuer festgesetzt wird, müsste er eine Einkommensteuererklärung einreichen, damit die einbehaltene Abgeltungsteuer vom Finanzamt erstattet wird. Dieses umständliche Prozedere lässt sich vermeiden, indem Herr Bauer eine NV-Bescheinigung beantragt, die in der Regel für 3 Jahre erteilt wird. Durch Vorlage der Bescheinigung bei der Bank kann diese die Zinsen ohne Steuerabzug auszahlen und Herr Bauer muss keine Steuererklärung einreichen.

Als Pensionär sind Sie verpflichtet, eine Einkommensteuererklärung abzugeben, wenn das Einkommen ganz oder teilweise aus nichtselbstständiger Arbeit besteht, das heißt in Ihrem Fall aus Versorgungsbezügen, ein Steuerabzug vorgenommen wurde und

- Einkünfte (Summe der Einnahmen minus der Ausgaben) aus anderen Einkunftsarten vorliegen (z. B. Einkünfte aus Zinseinnahmen, Mieteinnahmen oder einer Nebentätigkeit), welche 410 Euro im Jahr übersteigen oder
- die Summe der steuerfrei erhaltenen Leistungen, die dem Progressionsvorbehalt unterliegen (z. B. Arbeitslosengeld, Kurzarbeitergeld, Insolvenzgeld, Krankengeld, Mutterschaftsgeld, Verletztengeld), mehr als 410 Euro im Jahr beträgt, oder
- Sie von mehreren Arbeitgebern zeitgleich Arbeitslohn bezogen haben, oder
- bei einem Steuerpflichtigen die beim Steuerabzug vom Arbeitslohn berücksichtigte Vorsorgepauschale größer ist als die tatsächlich abziehbaren Vorsorgeaufwendungen oder
- beide Ehegatten Arbeitslohn bezogen haben und einer von beiden für das betreffende Jahr oder einen Teil davon nach der Steuerklasse V oder VI besteuert wurde oder
- der Steuerpflichtige einen Freibetrag beantragt hat oder
- ledige, geschiedene oder dauernd getrennt lebende Elternteile beantragen, dass der Ausbildungsfreibetrag oder der Behindertenpauschbetrag zwischen ihnen in einem anderen Verhältnis als 50/50 aufgeteilt wird oder
- Lohnsteuer für einen sonstigen Bezug (z. B. Entlassungsentschädigungen) ermittelt wurde oder
- die Ehe des Pensionärs im Veranlagungszeitraum durch Tod oder Scheidung aufgelöst worden ist und er oder sein geschiedener Ehegatte im Veranlagungszeitraum erneut geheiratet hat oder
- bestimmte Fälle der erweiterten unbeschränkten Einkommensteuerpflicht vorliegen.

Die Antragsveranlagung

Wenn Sie nicht zum Kreis derjenigen gehören, die pflichtveranlagt werden, werden Sie nur auf Ihren Antrag hin zur Einkommensteuer veranlagt. Der Antrag erfolgt mit der Einreichung der Steuererklärung. Eine grundsätzliche Frist ist hierbei nicht einzuhalten, es gelten lediglich die normalen Verjährungsfristen von maximal sieben Jahren.

Sinnvoll ist die Antragsveranlagung für den Fall, dass für Sie Lohnsteuer aus den Versorgungsbezügen oder aus einem Arbeitsverhältnis einbehalten wurde, immer dann, wenn Ihre tatsächlichen Werbungskosten oder Sonderausgaben höher als die in die Lohnsteuertabellen eingearbeiteten Pauschbeträge sind. Sind beispielsweise die Werbungskosten bei Arbeitnehmern durch angefallene Fahrtkosten, Arbeitsmittel höher als der Pauschbetrag von 1.200 Euro, ist mit einer Steuererstattung zu rechnen. Um festzustellen, ob Sie dies betrifft, müssen Sie Ihr zu versteuerndes Einkommen und die darauf entfallende Einkommensteuer berechnen.

> ***Praxis-Tipp:***
>
> *Führt die freiwillige Abgabe einer Steuererklärung nicht zu einer Erstattung, sondern wider Erwarten zu einer Steuernachzahlung, können Sie innerhalb der Einspruchsfrist von einem Monat nach Zugang des Steuerbescheids schriftlich beim Finanzamt Ihren Antrag auf Steuerveranlagung zurücknehmen.*

Wann müssen Rentner eine Steuererklärung abgeben?

Viele Rentner müssen im Alter noch eine Steuererklärung abgeben. Grundsätzlich gilt: Eine Einkommensteuererklärung wird immer dann verlangt, wenn der Rentner mit seinen Einkünften über den Grundfreibetrag liegt. 2022 beträgt der Grundfreibetrag 10.347 Euro.

Es kommt jedoch nicht nur auf die Höhe der Rente an, sondern auch darauf, wann jemand in den Ruhestand gegangen ist, da Renten erst seit 2005 teilweise besteuert werden.

Wer 2005 in Rente gegangen ist, muss 50 Prozent der Rente versteuern. Ein Rentner kann in diesem Fall rund 20.800 Euro Rente pro Jahr beziehen, ohne dass er Steuern zahlen muss. Wer 2022 in Rente geht, muss bereits 82 Prozent seiner Rente versteuern. Das bedeutet, in diesem Fall kann ein Rentner nur noch rund 12.700 Euro pro Jahr beziehen, ohne dass er Steuern zahlen muss.

Kommen weitere Einnahmen, wie zum Beispiel eine Betriebsrente oder eine private Rentenversicherung hinzu, muss neu gerechnet werden.

Nur weil Sie eine Steuererklärung abgeben müssen, bedeutet das aber nicht, dass Sie in jedem Fall Steuern zahlen müssen. Rentner können eine Reihe von Ausgaben steuerlich geltend machen. Einen großen Posten können hier die Gesundheitsausgaben ausmachen.

Allerdings müssen auch Rentner hier eine Eigenbelastung tragen. Sammeln Sie also sämtliche Belege für Brille, Medikamente, Kuren, Gehhilfen oder Zahnersatz.

Pilotprojekt: „Vereinfachte Veranlagung von Rentnern"

Die Finanzämter erhalten viele steuerrelevante Daten von Rentnern ohne deren Zutun von den jeweils zuständigen Stellen elektronisch übermittelt, zum Beispiel Angaben zu Rentenzahlungen, Pensionszahlungen und zu Kranken- und Pflegeversicherungsbeiträgen.

Um Rentnern das Ausfüllen von Steuererklärungen zu ersparen, haben die Länder Brandenburg, Bremen, Mecklenburg-Vorpommern und Sachsen mit Unterstützung des BMF daher ein Pilotprojekt gestartet: In einfach gelagerten Fällen soll es ausreichen, wenn Pensionäre die sogenannte „Erklärung zur Veranlagung von Alterseinkünften" ausfüllen und abgeben. Diese auf zwei Seiten reduzierten Steuererklärungsvordrucke erhalten Sie bei den Finanzämtern der teilnehmenden Bundesländer oder auf der Internetseite des BMF.

Diesen Vordruck müssen Sie neben Ihren allgemeinen Angaben (Name, Anschrift, Bankverbindung usw.) lediglich um die Daten ergänzen, welche das Finanzamt nicht elektronisch von anderer Seite erhält. Im Wesentlichen sind dies Angaben zu Vorsorgeaufwendungen (Unfallversicherung, Haftpflichtversicherungen, etc.), Spenden und Mitgliedsbeiträgen, zu außergewöhnlichen Belastungen (z. B. Krankheitskosten), haushaltsnahen Dienstleistungen und Handwerkerleistungen. Ihre Einkünfte setzt das Finanzamt anschließend anhand der von den zuständigen Stellen übermittelten Daten an.

Bitte beachten Sie, dass dies derzeit nur in den oben genannten Bundesländern und in einfach gelagerten Fällen möglich ist.

Sollten Sie beispielsweise Einkünfte aus Vermietung und Verpachtung haben, einem weiteren Job außer einem Minijob nachgehen oder Einkünfte aus Gewerbebetrieb (z. B. bei Betrieb einer Photovoltaikanlage) haben, müssen Sie weiterhin eine vollumfängliche Steuererklärung abgeben.

Welches Finanzamt ist zuständig?

Für die Besteuerung ist das örtliche Finanzamt zuständig, in dessen Bezirk Sie Ihren Wohnsitz haben (Wohnsitzfinanzamt). Bei mehrfachem Wohnsitz in Deutschland ist der Wohnsitz maßgebend, an dem Sie sich vorwiegend aufhalten.

Bei mehrfachem Wohnsitz von verheirateten Personen, die von ihrem Ehegatten nicht dauernd getrennt leben, ist der Wohnsitz maßgebend, an dem sich die Familie vorwiegend aufhält.

Bei Pensionsempfängern, die im Ausland leben und in Deutschland keinen Wohnsitz mehr haben, ist das Finanzamt zuständig, in dessen Bezirk sich die für die Auszahlung der Pensionen zuständige öffentliche Kasse befindet.

Für Rentenbezieher ohne Wohnsitz in Deutschland ist seit dem 01.01.2009 das Finanzamt in Neubrandenburg zuständig.

Termine und Fristen einhalten

Folgende Termine sollten Sie einhalten:

02. Oktober

Sofern Sie eine Steuererklärung abgeben müssen (Pflichtveranlagung), haben Sie für die Abgabe Ihrer Steuererklärung bis zum 02.10.2023 Zeit.

Aufgrund der Corona-Pandemie wurden die Abgabefristen für die Einkommensteuererklärungen bis einschließlich 2024 geändert.

- Die Steuererklärung für den Besteuerungszeitraum 2022 muss bis spätestens 02.10.2023 beim Finanzamt sein.

- Die Steuererklärung für den Besteuerungszeitraum 2023 muss bis spätestens 02.09.2024 beim Finanzamt sein.
- Die Steuererklärung für den Besteuerungszeitraum 2024 muss bis spätestens 31.07.2025 beim Finanzamt sein.

Werden Sie von einem Steuerberater oder einem Lohnsteuerhilfeverein betreut, verlängert sich die Frist grundsätzlich

- für den Besteuerungszeitraum 2022 bis zum 31.07.2024
- für den Besteuerungszeitraum 2023 bis zum 02.06.2025
- für den Besteuerungszeitraum 2024 bis zum 30.04.2026

30. November

Dies ist der letzte Termin für den Antrag auf Änderung oder Ergänzung von **E**lektronischen **L**ohn**St**euer**A**bzugs**M**erkmalen (ELStAM) für das laufende Jahr. Bei den ELStAM handelt es sich um die Angaben, die früher auf der Vorderseite der Lohnsteuerkarte eingetragen waren (Steuerklasse, Kirchensteuermerkmal, Anzahl der Kinderfreibeträge, etc.). Hierzu zählt auch der Antrag auf Lohnsteuerermäßigung. Der eingetragene Freibetrag gilt dann ab dem 01. des Folgemonats. Das ist insbesondere dann interessant, wenn Sie im Dezember Sonderzahlungen wie Weihnachtsgeld erwarten. Sollten Sie das Weihnachtsgeld mit Ihrem Novembergehalt ausgezahlt bekommen, achten Sie bitte darauf, dass Sie den Freibetrag bis spätestens Ende Oktober eintragen lassen.

2.

So funktioniert das Einkommensteuersystem

Die verschiedenen Einkunftsarten

Der Einkommensteuer unterliegen die im Einkommensteuergesetz definierten sieben Einkunftsarten:

- Einkünfte aus Land- und Forstwirtschaft
- Einkünfte aus Gewerbebetrieb
- Einkünfte aus selbstständiger Arbeit
- Einkünfte aus nichtselbstständiger Arbeit
- Einkünfte aus Kapitalvermögen
- Einkünfte aus Vermietung und Verpachtung
- sonstige Einkünfte

Während es sich bei den ersten drei Einkunftsarten um sogenannte Gewinneinkünfte handelt, bezeichnet man die anderen vier als „Überschusseinkünfte". Das liegt daran, dass bei den Gewinneinkünften der Gewinn als Differenz zwischen den Einnahmen und den Betriebsausgaben ermittelt wird. Bei diesen Einkunftsarten handelt es sich typischerweise um Einkünfte, die mit einer unternehmerischen Tätigkeit verbunden sind. Bei den Überschusseinkünften hingegen wird der Überschuss durch Gegenüberstellung der Einnahmen und der Werbungskosten ermittelt. Empfänger von Versorgungsbezügen beziehen Einkünfte aus nichtselbstständiger Arbeit, Rentner solche aus sonstigen Einkünften.

Die Summe der Einkünfte

Sie als Rentner können Einkünfte aus mehreren Einkunftsarten nebeneinander beziehen. Die Zusammenfassung der **Einkünfte aus den einzelnen Einkunftsarten** ergibt die **Summe der Einkünfte**. Davon wiederum sind der Altersentlastungsbetrag, der Entlastungsbetrag für Alleinerziehende und der Freibetrag für Land- und Forstwirte abzuziehen, um zum **Gesamtbetrag der Einkünfte** zu gelangen. Hieraus errechnet sich nach Abzug der Sonderausgaben und außergewöhnlichen Belastungen das **Einkommen**. Nach einem Abzug von Kinderfreibeträgen sowie dem Freibetrag für Betreuungs- und Erziehungs- oder Ausbildungsbedarf des Kindes ergibt sich das **zu versteuernde Einkommen**.

Ermittlung des zu versteuernden Einkommens

Gewinneinkünfte	Überschusseinkünfte
Einkünfte aus Land- und Forstwirtschaft	Einkünfte aus nichtselbstständiger Arbeit
Einkünfte aus selbstständiger Tätigkeit	Einkünfte aus Kapitalvermögen
Einkünfte aus Gewerbebetrieb	Einkünfte aus Vermietung und Verpachtung
	Sonstige Einkünfte nach § 22 EStG

= Summe der Einkünfte

./. Altersentlastungsbetrag

./. Entlastungsbetrag für Alleinerziehende

./. Freibetrag für Land- und Forstwirte

= Gesamtbetrag der Einkünfte

./. Verlustabzug
(z. B. Werbungskosten aus einer Zweitausbildung aus Vorjahren)

./. Sonderausgaben
(z. B. private Versicherungen, Kirchensteuer, Kinderbetreuungskosten, Ausbildungskosten, Schulgeld, Spenden)

./. außergewöhnliche Belastungen
(z. B. Krankheits-, Beerdigungskosten, Pflegeaufwendungen, Aufwendungen behinderter Menschen, Unterhaltsleistungen)

./. Steuerbegünstigung für bestimmte selbstgenutzte Wohnungen § 10f EStG

= Einkommen

./. Freibeträge für Kinder

./. freibleibender Betrag bis 410 EUR, mit Härteausgleich bis 820 EUR

= zu versteuerndes Einkommen

Durch Anwendung der Steuertabelle (Grundtabelle für Ledige/Splittingtabelle für Eheleute) ist nun die **tarifliche Steuer** festzustellen.

2

Nach Abzug eventueller Steuerermäßigungen ergibt sich die **festzusetzende Einkommensteuer**. Ist diese niedriger als die Summe der gezahlten Lohnsteuer und möglicher sonstiger Vorauszahlungen, ergibt sich eine Erstattung. Umgekehrt kann es auch zu einer Nachzahlung kommen.

Wichtig: Stellen Sie sich auf Nachzahlungen ein, wenn im zu versteuernden Einkommen Beträge enthalten sind, für die kein monatlicher Lohnsteuerabzug vorgenommen und auch keine vierteljährlichen Vorauszahlungen geleistet wurden.

Beispiel:

Ein pensionierter Beamter bezieht neben seinen Versorgungsbezügen Einkünfte aus einer Nebenbeschäftigung als Versicherungsmakler. Da auf die hierdurch erzielten Einkünfte aus Gewerbebetrieb keine Vorauszahlungen festgesetzt waren, kann es zu einer Einkommensteuernachzahlung kommen.

3.

Die Erstellung der Einkommensteuererklärung

Erstellung der Einkommensteuererklärung

Damit die Erstellung der Einkommensteuererklärung leicht von der Hand geht, werden nachfolgend die drei wesentlichen Schritte geschildert. Anschließend wird die Steuererklärung mit ELSTER erklärt. Hieran schließt sich im folgenden Kapitel 4 der Musterfall „Horst und Irene Tausendsassa" an. Dieser ist als Vorlage für die eigene Erklärung gedacht.

Die Erstellung der Einkommensteuererklärung beinhaltet drei wesentliche Aufgaben:

- die Zusammenstellung aller hierfür relevanten Sachverhalte (Schritt 1)
- das Ausfüllen der Formulare (Schritt 2)
- das ordnungsgemäße Zusammenstellen der Belege zu den gemachten Angaben (Schritt 3)

1. Schritt

Wie Sie die einzelnen steuerrelevanten Sachverhalte zusammenstellen, ergibt sich aus den Ausführungen im Anschluss an den Musterfall ab Kapitel 5. Prüfen Sie Schritt für Schritt, was auf Sie zutrifft, und stellen Sie die hierfür erforderlichen Informationen zusammen. Am besten beginnen Sie bereits während des Steuerjahres. Das kann die Arbeit wesentlich erleichtern.

2. Schritt

In einem nächsten Schritt füllen Sie die Formulare aus. Obwohl eine Vielzahl von Angaben möglich ist, treffen meist nur wenige auf Sie zu. Beachten Sie, dass alle in die Formulare einzutragenden Beträge auf volle Euro nach oben aufgerundet werden. Sollte der Platz in einem Feld für Ihre Angaben nicht ausreichen, arbeiten Sie mit Anlagen und verweisen auf diese.

Übersicht über die auszufüllenden Formulare

Hauptvordruck/Mantelbogen

- **Persönliche Angaben** (Name, Adresse, Familienstand, Bankverbindung, Unterschrift)
- **Antrag Festsetzung Arbeitnehmer-Sparzulage**
- **Einkommensersatzleistungen**
- **Ergänzende Angaben zur Steuererklärung** (z. B. wenn bei Angaben bewusst von der Verwaltungsauffassung abgewichen wurde. Das kann z. B. der Fall sein, wenn Sie anderer Rechtsauffassung sind.)

Sonder-Ausgaben	**Anlage Sonderausgaben** (Kirchensteuer, Zuwendungen (Spenden und Mitgliedsbeiträge), Berufsausbildungskosten (wenn keine Werbungskosten), weitere Aufwendungen, wie z. B. gezahlte Versorgungsleistungen oder Unterhaltsleistungen usw.)
Außergewöhnliche Belastungen	**Anlage Außergewöhnliche Belastungen** (Behindertenpauschbetrag, Hinterbliebenenpauschbetrag, Pflegepauschbetrag, andere Aufwendungen, wie z. B. Krankheitskosten, Pflegekosten, behinderungsbedingte Aufwendungen, Bestattungskosten usw.)
Handwerker, Dienstleistungen	**Anlage Haushaltsnahe Aufwendungen** (Geringfügige Beschäftigungen im Privathaushalt - sog. Minijobs -,Haushaltsnahe Dienstleistungen, Handwerkerleistungen)
Versicherungsbeiträge	**Anlage Vorsorgeaufwand** (privater Vorsorgeaufwand, z. B. Beiträge zur Rentenversicherung (auch Rürup), Kranken-, Pflege-, Arbeitslosen-, Unfall-, Haftpflicht-Versicherung) **Anlage AV** (Altersvorsorgeaufwendungen, Riester-Verträge)
Kinder	**Anlage Kind** (**Kind**erberücksichtigung/steuerliche Vergünstigungen für Kinder) **Anlage K** (Übertragung von Freibeträgen für **K**inder auf Großeltern/Stiefeltern)
Unterhalt	**Anlage Unterhalt** (**Unterhalts**leistungen an bedürftige Personen) **Anlage U** (**U**nterhalt an den Ex-Ehegatten/Ex-Partner in Lebenspartnerschaft)

Anlagen zu den 7 Einkunftsarten

Fortsetzung ➡

Übersicht über die auszufüllenden Formulare

Fortsetzung

Anlagen zu den 7 Einkunftsarten

Gewinneinkünfte	Überschusseinkünfte
Anlage L (**L**and- und Fortstwirtschaft, z. B. Bauernhof, Gärtnerei, Viehzucht)	**Anlage N** (**N**ichtselbstständige Arbeit, z. B. Arbeitnehmer, Pensionäre, Soldaten, Polizisten, Betriebsrentner)
Anlage G (**G**ewerbebetrieb, z. B. Handel, Handwerk, Dienstleistung, Produktion)	**Anlage KAP** (**Kap**italvermögen, z. B. Zinsen, Dividenden, Aktienverkäufe, Börsengeschäfte)
Anlage S (**S**elbstständige Arbeit, z. B. Freiberufler, Fahrlehrer, Autor)	**Anlage(n) V** (**V**ermietung, z. B. Grundstücke, Gebäude, Wohnungen, einzelne Zimmer)
Anlage EÜR (**E**innahme-**Ü**berschuss-**R**echnung)	**Anlage R** (**R**enten, z. B. gesetzliche Rente, private Rente, Renten aus Rürup-Verträgen, Riester-Renten)
Anlage 34a (nur bei Buchführung, ermäßigte Besteuerung von in einem Betrieb stehen gelassener Gewinne)	**Anlage SO** (**so**nstige Einkünfte, z. B. private Veräußerungsgeschäfte)
Zusätzlich Gewinnermittlung ■ Bilanz und Gewinn- und Verlust-Rechnung (Buchführung) ■ **E**innahme-**Ü**berschuss-**R**echnung	**Anlage AUS** (**aus**ländische Einkünfte)

Praxis-Tipp:

Eine hervorragende Hilfe ist die Ausfüllanleitung, welche den Formularen beigefügt ist. Sie erleichtert die Bearbeitung der Steuererklärung ungemein. Ebenfalls empfehlenswert ist es, eine Zweitausfertigung der Einkommensteuererklärung zu Ihren Unterlagen zu nehmen. Das erleichtert die Kontrolle des Steuerbescheids und dient im nächsten Jahr als Ausfüllhilfe für die zu erstellende Erklärung.

3. Schritt

Der dritte Schritt besteht darin, alle Angaben ordnungsgemäß zu belegen. Wichtige Belege sind zum Beispiel Quittungen, Rechnungen, Bankbelege, Spendenbescheinigungen und auch sogenannte Eigenbelege, die von Ihnen selbst erstellt werden.

Die Pflicht zur Vorlage von Belegen beim Finanzamt ist seit dem Veranlagungszeitraum 2017 weitgehend entfallen und besteht nur noch bei einzelnen Sachverhalten. Aus der Belegvorlagepflicht ist damit eine Belegvorhaltepflicht geworden. Hintergrund hierfür ist, dass das Besteuerungsverfahren vereinfacht werden soll und mittelfristig sämtliche Daten (z. B. von Spendenempfängern) elektronisch an das Finanzamt übermittelt werden sollen.

Wichtig: Das bedeutet nicht, dass Sie keine Belege mehr benötigen, sondern nur, dass Sie diese nicht mehr mit Ihrer Steuererklärung für das Jahr 2022 einreichen müssen. Nachweisunterlagen sind lediglich aufzubewahren und erst auf Anforderung seitens des Finanzamts vorzulegen. Inwieweit das Finanzamt Belege anfordern wird, bleibt abzuwarten.

Praxis-Tipp:

Es ist empfehlenswert, die Belege nicht einzureichen, denn werden die Belege nicht eingereicht, werden Standardfälle mit großer Wahrscheinlichkeit erst gar nicht mehr von einem Sachbearbeiter persönlich geprüft. Die Fälle, bei denen Belege eingereicht werden, müssen jedoch zwingend persönlich durch einen Sachbearbeiter bearbeitet werden.

Nachdem die Erklärung fertiggestellt ist, können Sie diese beim Finanzamt einreichen. Denken Sie daran, die Erklärung zu unterschreiben, da ansonsten keine Bearbeitung erfolgt.

> ***Praxis-Tipp:***
>
> *Es ist ratsam, die Steuererklärung möglichst früh im neuen Jahr beim Finanzamt einzureichen. In aller Regel wird Ihre Erklärung dann schneller bearbeitet.*

Steuererklärung mit ELSTER erstellen

Sie können Ihre Steuererklärung anstatt in Papierform mithilfe von ELSTER auch elektronisch an das Finanzamt übermitteln. ELSTER ist die Abkürzung für **el**ektronische **St**euer**er**klärung. Für viele steuerpflichtige Rentner und Pensionäre ist die elektronische Steuererklärung freiwillig, Sie können selbst entscheiden, ob Sie von dieser Möglichkeit Gebrauch machen wollen.

Steuerpflichtige, die „Gewinneinkünfte" erwirtschaften, sind seit dem Veranlagungszeitraum 2011 jedoch verpflichtet, ihre Einkommensteuererklärung elektronisch per Internet zu übermitteln. Dazu zählen unter anderem Einkünfte aus Gewerbebetrieb und aus selbstständiger Arbeit; Sie sind also immer dann betroffen, wenn Sie eine EÜR (Einnahmenüberschussrechnung) machen müssen.

Vorteile

Die elektronische Abgabe der Steuererklärung hat verschiedene Vorteile: Die Finanzämter aller Bundesländer sind angehalten, elektronisch übermittelte Steuererklärungen bevorzugt zu bearbeiten. Durch die elektronische Datenübermittlung hat das Finanzamt weniger Aufwand, und Eingabefehler seitens des Finanzamts werden so vermieden.

Registrierung

Für die papierlose Abgabe von Steuererklärungen müssen Sie sich nur einmalig unter www.elster.de registrieren. Anschließend können Sie unter „Mein ELSTER" nahezu alle Steuererklärungen und Steueranmeldungen erstellen und an die Finanzverwaltung übermitteln. Bei der

Registrierung haben Sie verschiedene Auswahlmöglichkeiten. Sie als Steuerpflichtiger wählen das Login mit einer Zertifikatsdatei, die anderen Login-Optionen sind für Unternehmer und Steuerberater gedacht.

Der Registrierungsprozess erfolgt in vier Schritten:

Schritt 1: Login-Option auswählen

Sie entscheiden sich für das Login mit einer Zertifikatsdatei.

Schritt 2: Registrierung

Bei der Registrierung müssen Sie Ihre persönliche Identifikationsnummer angeben, welche Sie auf der ersten Seite Ihres Einkommensteuerbescheids finden. Sie können diese Nummer auch unter www.identifikationsmerkmal.de anfordern, die Bearbeitungszeit kann jedoch bis zu vier Wochen betragen.

Im weiteren Verlauf der Registrierung bei ELSTER müssen Sie eine Sicherheitsabfrage beantworten. Diese benötigen Sie, falls Sie Ihr Benutzerkonto löschen möchten.

Nach dem Senden Ihrer Registrierungsdaten erhalten Sie eine erste E-Mail, deren Zustellung Sie bestätigen müssen. Im Anschluss erhalten Sie eine zweite E-Mail mit Ihrer Aktivierungs-ID und einige Tage später per Brief Ihren Aktivierungscode. Dieser wird von der Finanzverwaltung an die Adresse verschickt, die der Einwohnermeldebehörde bekannt ist.

Nachdem Ihnen beide Aktivierungsdaten vorliegen, können Sie Ihre Registrierung abschließen.

Schritt 3: Zertifikat erstellen

Klicken Sie auf den Link, den Sie in der zweiten E-Mail erhalten haben und geben Sie anschließend Ihre Aktivierungs-ID aus der E-Mail und den Aktivierungscode aus dem Brief ein.

Im nächsten Schritt vergeben Sie ein persönliches Passwort für die Nutzung von „Mein ELSTER“. Klicken Sie im Anschluss auf „Erstellen“, um Ihre Zertifikatsdatei herunterladen zu können. Ihre persönliche Zertifikatsdatei erkennen Sie an der Endung „.pfx“.

Schritt 4: Login

Führen Sie nun das erstmalige Login bei ELSTER aus und vervollständigen Sie Ihr Profil. Erst nachdem Sie sich erstmals eingeloggt haben, ist Ihre Registrierung vollständig abgeschlossen. Nun können Sie sich mit Ihrer Zertifikatsdatei und Ihrem persönlichen Passwort jederzeit

auf www.elster.de einloggen und Ihre Steuererklärung erstellen sowie an die Finanzverwaltung versenden.

Als Service steht Ihnen auf ELSTER natürlich auch die vorausgefüllte Steuererklärung zur Verfügung. Das bedeutet, dass Sie die Daten abrufen können, die Ihr Arbeitgeber, Ihre Versicherungen usw. elektronisch an die Finanzverwaltung übermittelt haben. Diese Daten werden dann automatisch in die entsprechenden Vordrucke der Steuererklärung übernommen.

> ***Praxis-Tipp:***
>
> *Wenn Sie mehr zur elektronischen Steuererklärung wissen wollen, informieren Sie sich am besten unter: www.elster.de Telefonische Auskünfte erteilt die Info-Hotline der Finanzämter unter der Nummer 0800/52 35 055.*

4.

Musterfall Horst und Irene Tausendsassa

Die Formulare zur Steuererklärung richtig ausfüllen

Der Musterfall Horst und Irene Tausendsassa soll Sie dabei unterstützen, die eigene Steuererklärung zügig und richtig zu bearbeiten. Damit dies möglich ist, wurde der Fall recht umfangreich gestaltet, um verschiedene steuerliche Situationen abzubilden.

Das ein oder andere Formular oder eine Eintragung wird somit für Sie nicht gelten, überspringen Sie es einfach.

Neben den Formularen sind auch die dazugehörigen Berechnungen abgebildet, aus denen die Auswirkungen der einzelnen Formulareinträge hervorgehen.

Die bereitgestellten Formulare sind individuell auf die persönlichen Lebensverhältnisse von Horst und Irene Tausendsassa abgestimmt. Blanko-Formulare für Ihre eigene Steuererklärung können Sie abrufen unter: www.bundesfinanzministerium.de

Wenn Sie Ihre Steuererklärung mit ELSTER erstellen möchten, beachten Sie hier Kapitel 3.

Wichtig: Der bereitgestellte Musterfall wird anhand der Formulare sowie der dazugehörigen Anlagen für das Jahr 2021 dargestellt. Der Musterfall nebst Berechnungen wurde mit dem Steuerprogramm WISO Steuer-Sparbuch der Buhl Data Service GmbH erstellt, die Abbildung erfolgt mit freundlicher Genehmigung der Buhl Data Service GmbH.

Anleitung vorhanden

2021

Eingangsstempel

Hauptvordruck ESt 1 A

1 X **Einkommensteuererklärung** | **Festsetzung der Arbeitnehmer-Sparzulage**

2 **Erklärung zur Festsetzung der Kirchensteuer auf Kapitalerträge** | **Erklärung zur Feststellung des verbleibenden Verlustvortrags**

3 **Festsetzung der Mobilitätsprämie**

4 **Steuernummer** 060/081/54711

An das Finanzamt

5 St. Wendel

Bei Wohnsitzwechsel: bisheriges Finanzamt

6

Daten für die mit ⓔ gekennzeichneten Zeilen liegen im Regelfall vor und müssen nicht eingetragen werden. – Bitte Infoblatt eDaten / Anleitung beachten –

Allgemeine Angaben

Telefonische Rückfragen tagsüber unter Nr.

7

Steuerpflichtige Person (**stpfl. Person**)
Nur bei Zusammenveranlagung: **Ehemann** oder **Person A** *) (Ehepartner/-in A / Lebenspartner/-in A nach dem LPartG)

*) Bitte Anleitung beachten

Identifikationsnummer (IdNr.) | Geburtsdatum

8 4 7 1 1 0 8 1 5 9 8 7 | 17.06.1939

Name

9 Tausendsassa

Religionsschlüssel:
Evangelisch = EV
Römisch-Katholisch = RK
nicht kirchensteuerpflichtig = VD
Weitere siehe Anleitung

Vorname

10 Horst

Titel, akademischer Grad

11

Religion EV

Straße (derzeitige Adresse)

12 Unterdorf

Hausnummer | Hausnummerzusatz | Adressergänzung

13 2

Postleitzahl (Inland) | Postleitzahl (Ausland)

14 99999

Wohnort

15 Oberbach

Staat (falls Anschrift im Ausland)

16

Ausgeübter Beruf

17 Pensionär

Verheiratet / Lebenspartnerschaft begründet seit dem | Verwitwet seit dem | Geschieden / Lebenspartnerschaft aufgehoben seit dem | Dauernd getrennt lebend seit dem

18 04.07.1960

Nur bei Zusammenveranlagung: **Ehefrau** oder **Person B** (Ehepartner/-in B / Lebenspartner/-in B nach dem LPartG)

IdNr. | Geburtsdatum

19 4 8 1 1 2 9 3 2 1 8 1 | 29.05.1940

Name

20 Tausendsassa

Religionsschlüssel:
Evangelisch = EV
Römisch-Katholisch = RK
nicht kirchensteuerpflichtig = VD
Weitere siehe Anleitung

Vorname

21 Irene

Titel, akademischer Grad

22

Religion EV

Bitte füllen Sie die Zeilen 23 bis 27 nur aus, wenn die Adressangaben von den Zeilen 12 bis 16 abweichen.

Straße

23

Hausnummer | Hausnummerzusatz | Adressergänzung

24

Postleitzahl (Inland) | Postleitzahl (Ausland)

25

Wohnort

26

Staat (falls Anschrift im Ausland)

27

Ausgeübter Beruf

28 Rentnerin

Nur von Ehegatten / Lebenspartnern auszufüllen

29 X Zusammenveranlagung | Einzelveranlagung von Ehegatten / Lebenspartnern | Wir haben Gütergemeinschaft vereinbart

2021ESt1A011 – Juli 2021 – **2021ESt1A011**

WISO Steuer-Berater 2022, Buhl, Hannover

4

Steuernummer, Name und Vorname
060/081/54711, Tausendsassa, Horst und Irene

Bankverbindung – Bitte stets angeben –

IBAN (inländisches Geldinstitut)
31 D E

IBAN (ausländisches Geldinstitut)
32

BIC zu Zeile 32
33

Kontoinhaber/-in
34 stpfl. Person / Ehemann / Person A | Ehefrau / Person B | oder: Name (im Fall der Abtretung bitte amtlichen Abtretungsvordruck einreichen)

Der Steuerbescheid soll nicht mir / uns zugesandt werden, sondern:

– Nur ausfüllen, wenn dem Finanzamt keine entsprechende Bekanntgabevollmacht vorliegt –

Name
35

Vorname
36

Straße
37

Hausnummer | Hausnummerzusatz | Postfach
38

Postleitzahl (Inland) | Postleitzahl (Ausland)
39

Wohnort
40

Staat (falls Anschrift im Ausland)
41

Antrag auf Festsetzung der Arbeitnehmer-Sparzulage

15

	stpfl. Person / Ehemann / Person A	Ehefrau / Person B
42 Für alle vom Anbieter übermittelten elektronischen Vermögensbildungsbescheinigungen wird die Festsetzung der Arbeitnehmer-Sparzulage beantragt.	17 1 = Ja	18 1 = Ja

Einkommensersatzleistungen

18

– ohne Beträge lt. Zeile 28 der Anlage N –	stpfl. Person / Ehemann / Person A EUR	Ehefrau / Person B EUR
43 – die dem Progressionsvorbehalt unterliegen, z. B. Arbeitslosengeld, Elterngeld, Insolvenzgeld, Krankengeld, Mutterschaftsgeld, Verdienstausfallentschädigung (Infektionsschutzgesetz)	120 ,–	121 ,– ⓔ
44 – vergleichbare Leistungen i. S. d. Zeile 43 aus einem EU- / EWR-Staat oder der Schweiz	136 ,–	137 ,–

Ergänzende Angaben zur Steuererklärung

45 Über die Angaben in der Steuererklärung hinaus sind weitere oder abweichende Angaben oder Sachverhalte zu berücksichtigen. Diese ergeben sich aus der beigefügten Anlage, welche mit der Überschrift **„Ergänzende Angaben zur Steuererklärung"** gekennzeichnet ist. 175 1 = Ja

Hinweis: Wenn über die Angaben in der Steuererklärung hinaus weitere oder abweichende Angaben oder Sachverhalte berücksichtigt werden sollen, tragen Sie bitte eine „1" ein. Gleiches gilt, wenn bei den in der Steuererklärung erfassten Angaben bewusst eine von der Verwaltungsauffassung abweichende Rechtsauffassung zugrunde gelegt wurde. Falls Sie mit Abgabe der Steuererklärung lediglich Belege und Aufstellungen einreichen, ist keine Eintragung vorzunehmen.

Unterschrift

Datenschutzhinweis:
Die mit der Steuererklärung / dem Antrag angeforderten Daten werden aufgrund der §§ 149, 150 und 181 Abs. 2 der Abgabenordnung, der §§ 25, 46 und 51a Abs. 2d des Einkommensteuergesetzes sowie des § 14 Abs. 4 des Fünften Vermögensbildungsgesetzes erhoben. Informationen über die Verarbeitung personenbezogener Daten in der Steuerverwaltung und über Ihre Rechte nach der Datenschutz-Grundverordnung sowie über Ihre Ansprechpartner in Datenschutzfragen entnehmen Sie bitte dem allgemeinen Informationsschreiben der Finanzverwaltung. Dieses Informationsschreiben finden Sie unter www.finanzamt.de (unter der Rubrik „Datenschutz") oder erhalten Sie bei Ihrem Finanzamt.

46 Die Steuererklärung wurde unter Mitwirkung eines Angehörigen der steuerberatenden Berufe i. S. d. §§ 3 und 4 des Steuerberatungsgesetzes erstellt: 1 = Ja

Bei der Anfertigung dieser Steuererklärung hat mitgewirkt:

47

Datum, Unterschrift(en) **Steuererklärungen sind eigenhändig – bei Ehegatten / Lebenspartnern von beiden – zu unterschreiben.**

2021ESt1A012 2021ESt1A012

WISO Steuer-Berater 2022, Buhl, Hannover

Anleitung vorhanden

2021

1 Name: Tausendsassa

2 Vorname: Horst und Irene

3 **Steuernummer** 060/081/54711

Anlage Sonderausgaben

Diese Anlage ist bei Zusammenveranlagung von Ehegatten / Lebenspartnern gemeinsam auszufüllen.

Angaben zu Sonderausgaben

– Ohne Versicherungsaufwendungen und Altersvorsorgebeiträge –

52

Kirchensteuer

Zeile			2021 gezahlt EUR		2021 erstattet EUR
4	soweit diese nicht als Zuschlag zur Abgeltungsteuer einbehalten oder gezahlt wurde	103	247,—	104	203,—

Zuwendungen (Spenden und Mitgliedsbeiträge)

Zeile			lt. Bestätigungen EUR		lt. Betriebsfinanzamt EUR
	Spenden und Mitgliedsbeiträge (ohne Beträge in den Zeilen 9 bis 12)				
5	– zur Förderung steuerbegünstigter Zwecke an Empfänger im Inland	123	,—	124	,—
6	– zur Förderung steuerbegünstigter Zwecke an Empfänger im EU- / EWR-Ausland	133	,—	134	,—
7	– an politische Parteien (§§ 34g, 10b EStG)	127	,—	128	,—
8	– an unabhängige Wählervereinigungen (§ 34g EStG)	129	,—	130	,—

Zeile			stpfl. Person / Ehemann / Person A EUR		Ehefrau / Person B EUR
	Spenden in das zu erhaltende Vermögen (Vermögensstock) einer Stiftung				
9	2021 geleistete Spenden an Empfänger im Inland (lt. Bestätigungen / lt. Betriebsfinanzamt)	208	,—	209	,—
10	2021 geleistete Spenden (lt. Bestätigungen / lt. Betriebsfinanzamt) an Empfänger im EU- / EWR-Ausland	224	,—	225	,—
11	Von den Spenden in den Zeilen 9 und 10 sollen 2021 berücksichtigt werden	212	,—	213	,—
12	2021 zu berücksichtigende Spenden aus Vorjahren in das zu erhaltende Vermögen (Vermögensstock) einer Stiftung, die bisher noch nicht berücksichtigt wurden	214	,—	215	,—

Berufsausbildungskosten

Aufwendungen für die eigene **Berufsausbildung: stpfl. Person / Ehemann / Person A**

13 Bezeichnung der Ausbildung, Art und Höhe der Aufwendungen — 200 EUR ,—

Aufwendungen für die eigene **Berufsausbildung: Ehefrau / Person B**

14 Bezeichnung der Ausbildung, Art und Höhe der Aufwendungen — 201 ,—

Weitere Aufwendungen

Gezahlte Versorgungsleistungen aus Renten lt. Vertrag

Angaben zur ersten empfangsberechtigten Person

15 Rechtsgrund, Datum des Vertrags — 102 abziehbar % — 101 tatsächlich gezahlt EUR ,—

16 Name der empfangsberechtigten Person

17 136 IdNr. der empfangsberechtigten Person

Angaben zur zweiten empfangsberechtigten Person

18 Rechtsgrund, Datum des Vertrags — 138 % — 137 ,—

19 Name der empfangsberechtigten Person

20 139 IdNr. der empfangsberechtigten Person

21 **Gezahlte Versorgungsleistungen aus Renten lt. gesonderter und einheitlicher Feststellung** — 150 % — 151 EUR ,—

4

2021AnlSonderausgaben401 – Juli 2021 – 2021AnlSonderausgaben401

Steuernummer, Name und Vorname
060/081/54711, Tausendsassa, Horst und Irene

Gezahlte Versorgungsleistungen aus Dauernden Lasten lt. Vertrag

Angaben zur ersten empfangsberechtigten Person

Rechtsgrund, Datum des Vertrags — tatsächlich gezahlt EUR

31 — 100 — ,–

Name der empfangsberechtigten Person

32

IdNr. der empfangsberechtigten Person

33 144

Angaben zur zweiten empfangsberechtigten Person

Rechtsgrund, Datum des Vertrags

34 — 145 — ,–

Name der empfangsberechtigten Person

35

IdNr. der empfangsberechtigten Person

36 146

37 **Gezahlte Versorgungsleistungen aus Dauernden Lasten lt. gesonderter und einheitlicher Feststellung** — 152 — EUR ,–

Unterhaltsleistungen lt. **Anlage U – ohne Kindesunterhalt –** an den

- geschiedenen Ehegatten, Lebenspartner einer aufgehobenen Lebenspartnerschaft
- dauernd getrennt lebenden Ehegatten / Lebenspartner

Angaben zur ersten unterstützten Person

Name der ersten unterstützten Person — tatsächlich gezahlt EUR

38 — 116 — ,–

IdNr. der ersten unterstützten Person

39 117

40 In Zeile 38 enthaltene Beiträge (abzgl. Erstattungen und Zuschüsse) zur Basis-Kranken- und gesetzlichen Pflegeversicherung — 118 — EUR ,–

41 Davon entfallen auf Krankenversicherungsbeiträge mit Anspruch auf Krankengeld — 119 — ,–

Angaben zur zweiten unterstützten Person

Name der zweiten unterstützten Person — tatsächlich gezahlt EUR

42 — 140 — ,–

IdNr. der zweiten unterstützten Person

43 141

44 In Zeile 42 enthaltene Beiträge (abzgl. Erstattungen und Zuschüsse) zur Basis-Kranken- und gesetzlichen Pflegeversicherung — 142 — EUR ,–

45 Davon entfallen auf Krankenversicherungsbeiträge mit Anspruch auf Krankengeld — 143 — ,–

Ausgleichszahlungen im Rahmen des schuldrechtlichen Versorgungsausgleichs

Rechtsgrund, Datum der erstmaligen Zahlung — tatsächlich gezahlt EUR

46 — 121 — ,–

Name der empfangsberechtigten Person

47

IdNr. der empfangsberechtigten Person

48 132

Ausgleichsleistungen zur Vermeidung des Versorgungsausgleichs lt. **Anlage U**

Name der empfangsberechtigten Person — tatsächlich gezahlt EUR

49 — 131 — ,–

IdNr. der empfangsberechtigten Person

50 135

2021AnlSonderausgaben402 **2021AnlSonderausgaben402**

WISO Steuer-Berater 2022, Buhl, Hannover

Anleitung vorhanden

2021

Anlage Außergewöhnliche Belastungen

Diese Anlage ist bei Zusammenveranlagung von Ehegatten / Lebenspartnern gemeinsam auszufüllen.

Name
1 Tausendsassa

Vorname
2 Horst und Irene

3 **Steuernummer** 060/081/54711

Außergewöhnliche Belastungen / Pauschbeträge

53

Behinderten-Pauschbetrag

– bei erstmaliger Beantragung / Änderung bitte Nachweis einreichen –

		Ausweis / (Renten-) Bescheid / Bescheinigung gültig von		bis		unbefristet gültig		Grad der Behinderung
4 stpfl. Person / Ehemann / Person A	100		101		102	1 = Ja	105	

5 Ich bin – erheblich gehbehindert (Merkzeichen „G") / außergewöhnlich gehbehindert (Merkzeichen „aG") 104 1 = Ja

6 – blind / taubblind / ständig hilflos (Merkzeichen „Bl" / „TBl" und / oder „H"), schwerstpflegebedürftig (Pflegegrad 4 oder 5) 103 1 = Ja

		Ausweis / (Renten-) Bescheid / Bescheinigung gültig von		bis		unbefristet gültig		Grad der Behinderung
7 Ehefrau / Person B	150		151		152	1 = Ja	155	

8 Ich bin – erheblich gehbehindert (Merkzeichen „G") / außergewöhnlich gehbehindert (Merkzeichen „aG") 154 1 = Ja

9 – blind / taubblind / ständig hilflos (Merkzeichen „Bl" / „TBl" und / oder „H"), schwerstpflegebedürftig (Pflegegrad 4 oder 5) 153 1 = Ja

Hinterbliebenen-Pauschbetrag

	stpfl. Person / Ehemann / Person A		Ehefrau / Person B	
10 Ich beantrage den Hinterbliebenen-Pauschbetrag	380	1 = Ja	381	1 = Ja

Pflege-Pauschbetrag

– bei erstmaliger Beantragung / Änderung bitte Nachweis einreichen –

11 Die **unentgeltliche** persönliche Pflege einer pflegebedürftigen Person in ihrer oder in meiner Wohnung erfolgte durch 200 1 = stpfl. Person / Ehemann / Person A, 2 = Ehefrau / Person B, 3 = beide Ehegatten / Lebenspartner

12 Anzahl der weiteren an der Pflege beteiligten Personen 201

Name, Anschrift und Verwandtschaftsverhältnis der pflegebedürftigen Person
13
14

15 Identifikationsnummer der pflegebedürftigen Person 202

16 Für die pflegebedürftige Person wurde folgender Pflegegrad / folgendes Merkzeichen festgestellt: 203 2 = Pflegegrad 2, 3 = Pflegegrad 3, 4 = Pflegegrad 4 oder 5 und / oder Merkzeichen „H"

Behinderungsbedingte Fahrtkostenpauschale

– bei erstmaliger Beantragung / Änderung bitte Nachweis einreichen –

Ich beantrage die Berücksichtigung der behinderungsbedingten Fahrtkostenpauschale, da ich die nachfolgenden Voraussetzungen erfülle:

	stpfl. Person / Ehemann / Person A		Ehefrau / Person B	
17 Ich habe einen Grad der Behinderung von mindestens 80 oder einen Grad der Behinderung von mindestens 70 und Merkzeichen „G"	250	1 = Ja	251	1 = Ja
18 Ich bin außergewöhnlich gehbehindert / blind / taubblind / ständig hilflos (Merkzeichen „aG" / „Bl" / „TBl" und / oder „H"), schwerstpflegebedürftig (Pflegegrad 4 oder 5)	252	1 = Ja	253	1 = Ja

2021Anl-agB391 – Juli 2021 – 2021Anl-agB391

WISO Steuer-Berater 2022, Buhl, Hannover

4

Steuernummer, Name und Vorname
060/081/54711, Tausendsassa, Horst und Irene

Andere Aufwendungen

Zeile	Art der Aufwendungen		Summe der Aufwendungen EUR		Anspruch auf zu erwartende / Erhaltene Versicherungsleistungen, Beihilfen, Unterstützungen; Wert des Nachlasses usw. EUR
	Krankheitskosten (z. B. Arznei-, Heil- und Hilfsmittel, Kurkosten)				
31	siehe Aufstellung	302	4.335,—	303	,—
	Pflegekosten (z. B. häusliche Pflege und Heimunterbringung)				
32		304	,—	305	,—
	Behinderungsbedingte Aufwendungen (z. B. Umbaukosten)				
33		306	,—	307	,—
	Bestattungskosten (z. B. Grabstätte, Sarg, Todesanzeige)				
34		310	,—	311	,—
	Sonstige außergewöhnliche Belastungen				
35		312	,—	313	,—

Für folgende Aufwendungen wird die Steuerermäßigung für haushaltsnahe Beschäftigungsverhältnisse / Dienstleistungen / Handwerkerleistungen beantragt, soweit sie wegen Abzugs der zumutbaren Belastung nicht als außergewöhnliche Belastungen berücksichtigt werden (die Beträge sind nicht zusätzlich in den Zeilen 4 bis 9 der Anlage Haushaltsnahe Aufwendungen einzutragen):

Zeile			Aufwendungen (abzüglich Erstattungen) EUR
36	Die in Zeile 32 enthaltenen Pflegeleistungen im Rahmen eines geringfügigen Beschäftigungsverhältnisses im Privathaushalt – sog. Minijob – betragen	370	,—
37	Die in Zeile 32 enthaltenen übrigen haushaltsnahen Pflegeleistungen (ohne Minijob) und in Heimunterbringungskosten enthaltenen Aufwendungen für Dienstleistungen, die denen einer Haushaltshilfe vergleichbar sind, betragen	371	,—
38	Die in Zeile 31 bis 35 enthaltenen Arbeitskosten für Handwerkerleistungen betragen	372	,—

2021Anl-agB392 2021Anl-agB392

WISO Steuer-Berater 2022, Buhl, Hannover

Ehepartner Tausendsassa - Steuer-Nr.: 060/081/54711
IdNr. Horst: 47 110 815 987
IdNr. Irene: 48 112 932 181
Einkommensteuererklärung 2021

Seite 1
Aufstellungen
zu Anlage Außergewöhnliche Belastungen

Andere Aufwendungen

	Aufwendungen	Erstattungen
Krankheitskosten		
Krankheitskosten, Kosten für Hilfsmittel usw.		
Krankheitskosten	3.645,—	0,—
Krankheitskosten	690,—	0,—
Insgesamt	**4.335,—**	**0,—**
Insgesamt	**4.335,—**	**0,—**
Anzusetzen		4.335,—

4

Soweit im Einzelnen nicht anders vermerkt, Betragsangaben in Euro.

4

Anleitung vorhanden

2021

Name
1 Tausendsassa

Vorname
2 Horst und Irene

3 **Steuernummer** 060/081/54711

Anlage Haushaltsnahe Aufwendungen

Diese Anlage ist bei Zusammenveranlagung von Ehegatten / Lebenspartnern gemeinsam auszufüllen.

Haushaltsnahe Beschäftigungsverhältnisse, Dienstleistungen und Handwerkerleistungen

Steuerermäßigung für Aufwendungen 18

Geringfügige Beschäftigungen im Privathaushalt – sog. Minijobs –

Zeile	Art der Tätigkeit		Aufwendungen (abzüglich Erstattungen) EUR
4	Reinigung der Wohnung	202	2.340,–

Haushaltsnahe Beschäftigungsverhältnisse / Dienstleistungen

- sozialversicherungspflichtige Beschäftigungen im Privathaushalt
- haushaltsnahe Dienstleistungen, Hilfe im eigenen Haushalt
- Pflege- und Betreuungsleistungen im Haushalt, bei eigener Heimunterbringung in den Heimkosten enthaltene Aufwendungen für Dienstleistungen, die mit denen einer Haushaltshilfe vergleichbar sind; das in Zeile 32 der Anlage Außergewöhnliche Belastungen als Erstattung für häusliche Pflege- und Betreuungskosten berücksichtigte Pflegegeld (§ 37 SGB XI) / Pflegetagegeld

Zeile	Art der Tätigkeit / Aufwendungen		
5	Gartenpflege	212	3.790,–

Handwerkerleistungen

für Renovierungs-, Erhaltungs- und Modernisierungsmaßnahmen im eigenen Haushalt (**ohne** Handwerkerleistungen, für die eine öffentliche Förderung durch zinsverbilligte Darlehen oder steuerfreie Zuschüsse [z. B. KfW-Bank, BAFA, landeseigener Förderbanken oder Gemeinden] oder für die eine Steuerermäßigung für energetische Maßnahmen nach § 35c EStG in Anspruch genommen wird)

Zeile	Art der Aufwendungen	Rechnungsbeträge (bei Eintragungen in Zeile 10 nur anteilig) EUR	davon enthaltene Lohnanteile, Maschinen- und Fahrtkosten inkl. Umsatzsteuer
6	Malerarbeiten (Arbeiten an Innen- und Außenwänden)	2.500,–	1.600,–
7		,–	+ ,–
8		,–	+ ,–

9 Summe steuerlich berücksichtigungsfähiger Lohnanteile, Maschinen- und Fahrtkosten inkl. Umsatzsteuer 214 1.600,–

Nur bei Alleinstehenden und Eintragungen in den Zeilen 36 bis 38 der Anlage Außergewöhnliche Belastungen und / oder in den Zeilen 4 bis 9 der Anlage Haushaltsnahe Aufwendungen:

Anzahl der weiteren Personen

10 Es bestand ganzjährig ein gemeinsamer Haushalt mit einer oder mehreren anderen alleinstehenden Person(en) 223

Name, Vorname, Geburtsdatum
11

Nur bei Alleinstehenden oder Einzelveranlagung von Ehegatten / Lebenspartnern und Eintragungen in den Zeilen 36 bis 38 der Anlage Außergewöhnliche Belastungen und / oder in den Zeilen 4 bis 9 der Anlage Haushaltsnahe Aufwendungen:

Laut einzureichendem gemeinsamen Antrag ist der Höchstbetrag für die Aufwendungen

12 – lt. Zeile 36 der Anlage Außergewöhnliche Belastungen und / oder Zeile 4 der Anlage Haushaltsnahe Aufwendungen in einem anderen Verhältnis als je zur Hälfte aufzuteilen. Der bei mir zu berücksichtigende Anteil beträgt 224 %

13 – lt. Zeile 37 der Anlage Außergewöhnliche Belastungen und / oder Zeile 5 der Anlage Haushaltsnahe Aufwendungen in einem anderen Verhältnis als je zur Hälfte aufzuteilen. Der bei mir zu berücksichtigende Anteil beträgt 225 %

14 – lt. Zeile 38 der Anlage Außergewöhnliche Belastungen und / oder Zeile 9 der Anlage Haushaltsnahe Aufwendungen in einem anderen Verhältnis als je zur Hälfte aufzuteilen. Der bei mir zu berücksichtigende Anteil beträgt 226 %

Nur in Fällen der Zusammenveranlagung oder Einzelveranlagungen von Ehegatten / Lebenspartnern und Eintragungen in den Zeilen 36 bis 38 der Anlage Außergewöhnliche Belastungen und / oder in den Zeilen 4 bis 9 der Anlage Haushaltsnahe Aufwendungen:

stpfl. Person / Ehemann / Person A — Ehefrau / Person B

15 Es wurde 2021 ein gemeinsamer Haushalt begründet oder aufgelöst und für einen Teil des Kalenderjahres ein Einzelhaushalt geführt 219 1 = Ja 220 1 = Ja

2021Anl35a381 – Juli 2021 – 2021Anl35a381

WISO Steuer-Berater 2022, Buhl, Hannover

Ehepartner Tausendsassa - Steuer-Nr.: 060/081/54711
IdNr. Horst: 47 110 815 987
IdNr. Irene: 48 112 932 181
Einkommensteuererklärung 2021

Seite 1
Aufstellungen
zu Anlage Haushaltsnahe Aufwendungen

Haushaltsnahe Beschäftigungsverhältnisse, Dienstleistungen und Handwerkerleistungen

Aufwendungen für geringfügige Beschäftigungen im Privathaushalt		
Reinigung der Wohnung		
	2.340,00	2.340,—
Insgesamt		**2.340,—**
Aufwendungen für haushaltsnahe Dienstleistungen und Beschäftigungsverhältnisse (ohne Minijobs)		
Aufwendungen für die Inanspruchnahme haushaltsnaher Dienstleistungen		
Gartenpflege		
	3.790,00	3.790,—
Insgesamt		**3.790,—**
Aufwendungen für die Inanspruchnahme von Handwerkerleistungen		
Malerarbeiten (Arbeiten an Innen- und Außenwänden) (Rechnungsbetrag 2.500,—)		1.600,—
Insgesamt (Rechnungsbetrag 2.500,—)		**1.600,—**

4

Soweit im Einzelnen nicht anders vermerkt, Betragsangaben in Euro.

2021

Anlage G

Jeder Ehegatte / Lebenspartner mit Einkünften aus Gewerbebetrieb hat eine eigene Anlage G abzugeben.

1	Name	Tausendsassa
2	Vorname	Horst
3	Steuernummer	060/081/54711

Bitte Anlage Corona-Hilfen übermitteln.

X stpfl. Person / Ehemann / Person A

☐ Ehefrau / Person B

4

Einkünfte aus Gewerbebetrieb

Für jeden Betrieb ist zusätzlich eine Bilanz oder – soweit keine Bilanz erstellt wird – eine Anlage EÜR elektronisch zu übermitteln.

Gewinn (ohne die Beträge in den Zeilen 31, 36, 42, 44, 45 und 48; bei ausländischen Einkünften: Anlage AUS beachten) 44

Zeile		Kz	EUR
	als Einzelunternehmer (Art des Gewerbes, bei Verpachtung: Art des vom Pächter betriebenen Gewerbes)		
4	1. Betrieb: Versicherungsmakler	10/11	6.309
5	2. Betrieb	62/63	
	Weitere Betriebe		
6		12/13	
	lt. gesonderter Feststellung (Betriebsfinanzamt und Steuernummer) – ggf. Gesamtsumme –		
7		58/59	
	als Mitunternehmer (Gesellschaft, Finanzamt und Steuernummer)		
8	1.	14/15	
9	2.	16/17	
10	3.	18/19	
11	4.	20/21	
	als Mitunternehmer in Fällen von geringer Bedeutung (Gesellschaft, Steuernummer) – § 180 Abs. 3 Satz 1 Nr. 2 AO z. B. Ehegattengemeinschaften –		
12		38/39	
	Gesellschaften / Gemeinschaften / ähnliche Modelle i. S. d. § 15b EStG		
13			
14	In den Zeilen 4 bis 12 und 48 nicht enthaltener steuerfreier Teil der Einkünfte, für die das **Teileinkünfteverfahren** gilt	24/25	
15	In den Zeilen 4 bis 12 und 48 enthaltene positive Einkünfte i. S. d. § 2 Abs. 4 UmwStG		
16	Ich beantrage für den in den Zeilen 4 bis 12 und 36 enthaltenen Gewinn die Begünstigung nach § 34a EStG und / oder es wurde zum 31.12.2020 ein nachversteuerungspflichtiger Betrag festgestellt. Einzureichende **Anlage(n) 34a**		Anzahl

Zusätzliche Angaben bei Steuerermäßigung nach § 35 EStG

Zeile		Kz	EUR
17	Für 2021 festzusetzender (anteiliger) Gewerbesteuer-Messbetrag i. S. d. § 35 EStG des Betriebs / des Mitunternehmeranteils lt. Zeile ☐ (ohne Gewerbesteuer-Messbetrag, der auf nach § 5a Abs. 1 EStG ermittelten Gewinn oder Gewinn i. S. d. § 18 Abs. 3 UmwStG entfällt) – Berechnung lt. gesonderter Aufstellung –	64/65	
18	Für 2021 tatsächlich zu zahlende Gewerbesteuer, die auf den Gewerbesteuer-Messbetrag lt. Zeile 17 entfällt – Berechnung lt. gesonderter Aufstellung –	66/67	
19	Für 2021 festzusetzender (anteiliger) Gewerbesteuer-Messbetrag i. S. d. § 35 EStG des Betriebs / des Mitunternehmeranteils lt. Zeile ☐ (ohne Gewerbesteuer-Messbetrag, der auf nach § 5a Abs. 1 EStG ermittelten Gewinn oder Gewinn i. S. d. § 18 Abs. 3 UmwStG entfällt) – Berechnung lt. gesonderter Aufstellung –	68/69	
20	Für 2021 tatsächlich zu zahlende Gewerbesteuer, die auf den Gewerbesteuer-Messbetrag lt. Zeile 19 entfällt – Berechnung lt. gesonderter Aufstellung –	70/71	
21	Summe aller weiteren für 2021 festzusetzenden (anteiligen) Gewerbesteuer-Messbeträge i. S. d. § 35 EStG der Betriebe / der Mitunternehmeranteile lt. den Zeilen 4 bis 12 und 48 (ohne Gewerbesteuer-Messbeträge, die auf nach § 5a Abs. 1 EStG ermittelte Gewinne oder Gewinne i. S. d. § 18 Abs. 3 UmwStG entfallen) – Berechnung lt. gesonderter Aufstellung –	85/86	
22	Summe aller weiteren für 2021 tatsächlich zu zahlenden Gewerbesteuern, die auf die Gewerbesteuer-Messbeträge lt. Zeile 21 entfallen – Berechnung lt. gesonderter Aufstellung –	81/82	
23	Summe der betriebsbezogen ermittelten Höchstbeträge nach § 35 Abs. 1 Satz 5 EStG aus mittelbaren Beteiligungen (nicht in den Zeilen 17 bis 22 enthalten) – Berechnung lt. gesonderter Aufstellung –	74/75	

Steuernummer, Name und Vorname
060/081/54711, Tausendsassa, Horst

Veräußerungsgewinn **vor Abzug etwaiger Freibeträge** 45

bei Veräußerung / Aufgabe
- eines **ganzen Betriebs,** eines **Teilbetriebs,** eines ganzen **Mitunternehmeranteils** (§ 16 EStG),
- eines **einbringungsgeborenen Anteils** an einer Kapitalgesellschaft (§ 21 UmwStG i. d. am 21.5.2003 geltenden Fassung) oder
- in gesetzlich gleichgestellten Fällen, z. B. Wegzug in das Ausland

Zeile		Kz.	EUR
31	Veräußerungsgewinn, für den der **Freibetrag nach § 16 Abs. 4 EStG** wegen dauernder Berufsunfähigkeit oder Vollendung des 55. Lebensjahres **beantragt** wird. Für nach dem 31.12.1995 erfolgte Veräußerungen / Aufgaben wurde der Freibetrag nach § 16 Abs. 4 EStG bei keiner Einkunftsart in Anspruch genommen.	24/25	,–
32	In Zeile 31 enthaltener steuerpflichtiger Teil, für den das **Teileinkünfteverfahren** gilt	32/33	,–
	Auf den Veräußerungsgewinn lt. Zeile 31 wurde zumindest teilweise § 6b oder § 6b i. V. m. § 6c EStG angewendet. Die Übertragungen von aufgedeckten stillen Reserven und / oder die in Anspruch genommenen Rücklagen nach		
33	– § 6b Abs. 1 bis 9 ggf. i. V. m. § 6c EStG betragen	57/58	,–
34	– § 6b Abs. 10 ggf. i. V. m. § 6c EStG betragen	59/60	,–
35	Veräußerungsgewinn lt. Zeile 31, für den der **ermäßigte Steuersatz** des § 34 Abs. 3 EStG wegen dauernder Berufsunfähigkeit oder Vollendung des 55. Lebensjahres beantragt wird. Für nach dem 31.12.2000 erfolgte Veräußerungen / Aufgaben wurde der ermäßigte Steuersatz des § 34 Abs. 3 EStG bei keiner Einkunftsart in Anspruch genommen.	34/35	,–
36	Veräußerungsgewinn(e), für den / die der **Freibetrag nach § 16 Abs. 4 EStG nicht beantragt** wird oder **nicht zu gewähren** ist	30/31	,–
37	In Zeile 36 enthaltener steuerpflichtiger Teil, für den das **Teileinkünfteverfahren** gilt	36/37	,–
	Auf den / die Veräußerungsgewinn(e) lt. Zeile 36 wurde zumindest teilweise		
38	– § 6b Abs. 1 bis 9 ggf. i. V. m. § 6c EStG angewendet	46/47	1 = Ja, für die / alle Veräußerung(en) 2 = Ja, aber nicht für alle Veräußerungen
39	– § 6b Abs. 10 ggf. i. V. m. § 6c EStG angewendet	70/71	1 = Ja
40	In Zeile 36 enthaltener Veräußerungsgewinn, für den der **ermäßigte Steuersatz** des § 34 Abs. 3 EStG wegen dauernder Berufsunfähigkeit oder Vollendung des 55. Lebensjahres beantragt wird. Für nach dem 31.12.2000 erfolgte Veräußerungen / Aufgaben wurde der ermäßigte Steuersatz des § 34 Abs. 3 EStG bei keiner Einkunftsart in Anspruch genommen.	38/39	EUR ,–
41	In Zeile 40 enthaltener steuerpflichtiger Teil, für den das **Teileinkünfteverfahren** gilt	40/41	,–
42	Veräußerungsverlust nach § 16 EStG	22/23	,–
43	In Zeile 42 enthaltener steuerpflichtiger Teil, für den das **Teileinkünfteverfahren** gilt	44/45	,–
44	Steuerpflichtiger Teil des Veräußerungsgewinns bei Veräußerung von Anteilen an Kapitalgesellschaften / Genossenschaften nach § 17 EStG, § 6 AStG, § 13 UmwStG und in gesetzlich gleichgestellten Fällen	28/29	,–
45	Zu berücksichtigender Teil des Veräußerungsverlusts bei Veräußerung von Anteilen an Kapitalgesellschaften / Genossenschaften nach § 17 EStG, § 13 UmwStG und in gesetzlich gleichgestellten Fällen	26/27	,–
46	**Zu den Zeilen 31 bis 41 sowie 44 und 45:** Erwerber ist eine Gesellschaft, an der die veräußernde Person oder ein Angehöriger beteiligt ist **(lt. gesonderter Aufstellung).**		

Sonstiges

Zeile		Kz.	EUR
47	In den Zeilen 4 bis 13 enthaltene begünstigte sonstige Gewinne i. S. d. § 34 Abs. 2 Nr. 2 bis 4 EStG	55/56	,–
	Zuzurechnendes Einkommen der Organgesellschaft (Gesellschaft, Finanzamt und Steuernummer)		
48		66/67	,–
49	Anteile an Kapitalgesellschaften, Bezugsrechte sind 2021 übertragen worden **(Einzelangaben lt. gesonderter Aufstellung)**		

Zeile		außer Ansatz gelassene Verluste	entfallende ungekürzte Gewinne	verrechnete Verluste aus anderen Jahren
50	**Gewerbliche Tierzucht / -haltung:** In den Zeilen 4 bis 13, 31, 36 und 42	€	€	€
51	Die 2020 nach Maßgabe des § 10d Abs. 1 EStG vorzunehmende Verrechnung nicht ausgeglichener negativer Einkünfte 2021 aus Zeile 50 soll wie folgt begrenzt werden:			€
52	**Gewerbliche Termingeschäfte:** In den Zeilen 4 bis 13, 31, 36 und 42	€	€	€
53	Die 2020 nach Maßgabe des § 10d Abs. 1 EStG vorzunehmende Verrechnung nicht ausgeglichener negativer Einkünfte 2021 aus Zeile 52 soll wie folgt begrenzt werden:			€
54	**Verluste aus Beteiligungen** an einer REIT-AG, anderen REIT-Körperschaften, -Personenvereinigungen oder -Vermögensmassen: In den Zeilen 4 bis 13, 31, 36 und 42	€	€	€
55	Die 2020 nach Maßgabe des § 10d Abs. 1 EStG vorzunehmende Verrechnung nicht ausgeglichener negativer Einkünfte 2021 aus Zeile 54 soll wie folgt begrenzt werden:			€

Zeile		Anzahl
56	Für die in den Zeilen 4 bis 6 genannten Betriebe ist die Anlage Zinsschranke beigefügt. Beigefügte **Anlage(n) Zinsschranke**	

2021AnlG232 **2021AnlG232**

WISO Steuer-Berater 2022, Buhl, Hannover

4

Anleitung vorhanden

2021

Name / Gesellschaft / Gemeinschaft
1 Tausendsassa
Vorname
2 Horst und Irene
3 **Steuernummer** 060/081/54711

Anlage Corona-Hilfen

X zur Einkommensteuererklärung
☐ zur Feststellungserklärung

Diese Anlage ist bei Zusammenveranlagung von Ehegatten / Lebenspartnern gemeinsam auszufüllen.

Corona-Soforthilfen, Überbrückungshilfen und vergleichbare Zuschüsse

– in den Anlagen G, L und / oder S der Einkommensteuererklärung oder in den Anlagen FG, FE 1 der Feststellungserklärung sowie in den jeweiligen Gewinnermittlungen als steuerpflichtige Betriebseinnahmen (bei Rückzahlungen als Betriebsausgaben) enthalten –

Angaben zur Einkommensteuererklärung

18

4 Wurden im Jahr 2021 für einen / mehrere Betrieb(e) und / oder für eine / mehrere selbständige Tätigkeit(en) Corona-Soforthilfen, Überbrückungshilfen und / oder vergleichbare Zuschüsse bezogen oder zurückgezahlt?
– Bilanzierende bitte die Zeilen 12 und 13 beachten! –

stpfl. Person / Ehemann / Person A		Ehefrau / Person B	
850	2 (1 = Ja, 2 = Nein)	851	(1 = Ja, 2 = Nein)

Falls Zeile 4 mit „Ja" beantwortet wurde:

Für folgende Betriebe und / oder selbständige Tätigkeiten wurden Soforthilfen, Überbrückungshilfen und / oder vergleichbare Zuschüsse bezogen (Einzutragen ist für jeden Betrieb der Saldo zwischen den erhaltenen und den im gleichen Kalenderjahr zurückgezahlten Hilfen):
– ergibt sich ein negativer Saldo, bitte mit vorangestelltem Minuszeichen eintragen –

Zeile	Bezeichnung des Betriebs / Betriebssteuernummer	stpfl. Person / Ehemann / Person A EUR	Ehefrau / Person B EUR
5			
6		+ ,—	+ ,—
7		+ ,—	+ ,—
8		+ ,—	+ ,—
9		+ ,—	+ ,—
10		+ ,—	+ ,—
11	Gesamtbetrag der Soforthilfen, Überbrückungshilfen und / oder vergleichbaren Zuschüsse	852 ,—	853 ,—

Nur bei bilanzierenden Betrieben / bilanzierenden selbständig Tätigen:

12 Es wurden im Jahr 2021 Corona-Soforthilfen, Überbrückungshilfen und / oder vergleichbare Zuschüsse ausgezahlt, die bereits in der Bilanz des vorangegangenen Wirtschaftsjahres (als Forderung / sonstiger Vermögensgegenstand) und der Anlage Corona-Hilfen 2020 erklärt wurden.
stpfl. Person / Ehemann / Person A: 854 (1 = Ja) — Ehefrau / Person B: 855 (1 = Ja)

13 Es wurden im Jahr 2021 Corona-Soforthilfen, Überbrückungshilfen und / oder vergleichbare Zuschüsse zurückgezahlt, die bereits in der Bilanz des vorangegangenen Wirtschaftsjahres (als Rückstellung / Verbindlichkeit) und der Anlage Corona-Hilfen 2020 erklärt wurden.
856 (1 = Ja) — 857 (1 = Ja)

Angaben zur Feststellungserklärung

19

14 Wurden im Jahr 2021 für die Gesellschaft / die Gemeinschaft / den Betrieb Corona-Soforthilfen, Überbrückungshilfen und / oder vergleichbare Zuschüsse bezogen oder zurückgezahlt? (1 = Ja, 2 = Nein)
– Bilanzierende bitte die Zeilen 16 und 17 beachten! –

Falls Zeile 14 mit „Ja" beantwortet wurde:

15 Gesamtbetrag der Soforthilfen, Überbrückungshilfen und / oder vergleichbaren Zuschüsse (Einzutragen ist der Saldo zwischen den erhaltenen und den im gleichen Kalenderjahr zurückgezahlten Hilfen) 619 EUR Ct
– ergibt sich ein negativer Saldo, bitte mit vorangestelltem Minuszeichen eintragen –

Nur bei bilanzierenden Gesellschaften / Gemeinschaften / Betrieben:

16 Es wurden im Jahr 2021 Corona-Soforthilfen, Überbrückungshilfen und / oder vergleichbare Zuschüsse ausgezahlt, die bereits in der Bilanz des vorangegangenen Wirtschaftsjahres (als Forderung / sonstiger Vermögensgegenstand) und der Anlage Corona-Hilfen 2020 erklärt wurden. (1 = Ja)

17 Es wurden im Jahr 2021 Corona-Soforthilfen, Überbrückungshilfen und / oder vergleichbare Zuschüsse zurückgezahlt, die bereits in der Bilanz des vorangegangenen Wirtschaftsjahres (als Rückstellung / Verbindlichkeit) und der Anlage Corona-Hilfen 2020 erklärt wurden. (1 = Ja)

Anleitung vorhanden

2021

Anlage N

Jeder Ehegatte / Lebenspartner mit Einkünften aus nichtselbständiger Arbeit hat eine eigene Anlage N abzugeben.

Zeile		
1	Name	Tausendsassa
2	Vorname	Horst
3	**Steuernummer**	060/081/54711 — X stpfl. Person / Ehemann / Person A
4	Sofern keine IdNr. vorhanden: eTIN lt. Lohnsteuerbescheinigung(en) / eTIN lt. weiterer Lohnsteuerbescheinigung(en)	Ehefrau / Person B

Einkünfte aus nichtselbständiger Arbeit

Daten für die mit ⓔ gekennzeichneten Zeilen liegen im Regelfall vor und müssen nicht eingetragen werden. – Bitte Infoblatt eDaten / Anleitung beachten –

4

Angaben zum Arbeitslohn

Zeile	Bezeichnung	Kz.	Lohnsteuerbescheinigung(en) Steuerklasse 1 – 5 (EUR)	Kz.	Lohnsteuerbescheinigung(en) Steuerklasse 6 oder einer Urlaubskasse (EUR)	
5	Steuerklasse	168	4			ⓔ
6	Bruttoarbeitslohn	110	24.278,—	111	,—	ⓔ
7	Lohnsteuer	140	2.496,96	141		ⓔ
8	Solidaritätszuschlag	150	137,28	151		ⓔ
9	Kirchensteuer des Arbeitnehmers	142	224,64	143		ⓔ
10	Nur bei Konfessionsverschiedenheit: Kirchensteuer für den Ehegatten / Lebenspartner	144		145		ⓔ

Zeile	Bezeichnung	Kz.	1. Versorgungsbezug	Kz.	2. Versorgungsbezug	
11	**Steuerbegünstigte Versorgungsbezüge** (in Zeile 6 enthalten)	200	24.278,—	210	,—	ⓔ
12	Bemessungsgrundlage für den Versorgungsfreibetrag lt. Nr. 29 der Lohnsteuerbescheinigung	201	24.278,—	211	,—	ⓔ
13	Maßgebendes Kalenderjahr des Versorgungsbeginns lt. Nr. 30 der Lohnsteuerbescheinigung	206	2005	216		ⓔ
14	Bei unterjähriger Zahlung: Erster und letzter Monat, für den Versorgungsbezüge gezahlt wurden, lt. Nr. 31 der Lohnsteuerbescheinigung	202 – 203	Monat – Monat	212 – 213	Monat – Monat	ⓔ
15	Sterbegeld, Kapitalauszahlungen / Abfindungen und Nachzahlungen von Versorgungsbezügen lt. Nr. 32 der Lohnsteuerbescheinigung (in den Zeilen 6 und 11 enthalten)	204	,—	214	,—	ⓔ
16	Ermäßigt zu besteuernde Versorgungsbezüge für mehrere Jahre lt. Nr. 9 der Lohnsteuerbescheinigung	205	,—	215	,—	ⓔ
17	**Ermäßigt besteuerte Entschädigungen / Arbeitslohn für mehrere Jahre** lt. Nr. 10 der Lohnsteuerbescheinigung			166	,—	ⓔ
18	**Entschädigungen / Arbeitslohn für mehrere Jahre** – ggf. lt. Nr. 19 der Lohnsteuerbescheinigung – vom Arbeitgeber nicht ermäßigt besteuert			165	,—	ⓔ

Steuerabzugsbeträge zu den Zeilen 16 und 17

Zeile	Bezeichnung	Kz.		Bezeichnung	Kz.		
19	Lohnsteuer	146		Solidaritätszuschlag	152		ⓔ
20	Kirchensteuer Arbeitnehmer	148		Kirchensteuer Ehegatte / Lebenspartner	149		ⓔ

Zeile	Bezeichnung	Kz.	EUR
21	Steuerpflichtiger Arbeitslohn, von dem kein Steuerabzug vorgenommen worden ist (soweit nicht in der Lohnsteuerbescheinigung enthalten)	115	,—
22	Steuerfreier Arbeitslohn nach Doppelbesteuerungsabkommen / sonstigen zwischenstaatlichen Übereinkommen (Übertrag aus den Zeilen 52, 71 und / oder 82 der ersten **Anlage N-AUS**)	139	,—
23	Steuerfreier Arbeitslohn nach Auslandstätigkeitserlass (Übertrag aus Zeile 67 der ersten **Anlage N-AUS**)	136	,—
24	Steuerfreie Einkünfte (Besondere Lohnbestandteile) nach Doppelbesteuerungsabkommen / sonstigen zwischenstaatlichen Übereinkommen / Auslandstätigkeitserlass (Übertrag aus Zeile 81 der ersten **Anlage N-AUS**)	178	,—
25	Beigefügte **Anlage(n) N-AUS**		Anzahl
26	Grenzgänger nach — 117 — 2 = Frankreich, 3 = Schweiz, 4 = Österreich — 116 Arbeitslohn in EUR / CHF ,—	135	Schweizerische Abzugsteuer in CHF
27	Steuerfrei erhaltene Aufwandsentschädigungen / Einnahmen — aus der Tätigkeit als	118	,—
28	**Kurzarbeitergeld einschließlich Zuschuss des Arbeitgebers, Zuschuss zum Mutterschaftsgeld, Verdienstausfallentschädigung (Infektionsschutzgesetz), Aufstockungsbeträge nach dem Altersteilzeitgesetz, Altersteilzeitzuschläge nach Besoldungsgesetzen (lt. Nr. 15 der Lohnsteuerbescheinigung)**	119	,— ⓔ

2021AnlN031 — Juli 2021 — 2021AnlN031

WISO Steuer-Berater 2022, Buhl, Hannover

4

Steuernummer, Name und Vorname
060/081/54711, Tausendsassa, Horst

Werbungskosten – ohne Beträge lt. Zeile 73 bis 76 –

8

Wege zwischen Wohnung und erster Tätigkeitsstätte / Sammelpunkt / weiträumigem Tätigkeitsgebiet (Entfernungspauschale)

	Erste Tätigkeitsstätte in (PLZ, Ort und Straße)	vom	bis	Arbeitstage je Woche	Urlaubs-, Krankheits-, Heimarbeits- und Dienstreisetage
31					
32					

	Sammelpunkt / nächstgelegener Zugang zum weiträumigen Tätigkeitsgebiet (PLZ, Ort und Straße)				
33					
34					

	Ort lt. Zeile	aufgesucht an Tagen	einfache Entfernung (auf volle Kilometer abgerundet)	davon mit eigenem oder zur Nutzung überlassenem Pkw zurückgelegt	davon mit Sammelbeförderung des Arbeitgebers zurückgelegt	davon mit öffentl. Verkehrsmitteln, Motorrad, Fahrrad u. Ä., als Fußgänger, als Mitfahrer einer Fahrgemeinschaft zurückgelegt	Aufwendungen für Fahrten mit öffentlichen Verkehrsmitteln (ohne Fähr- und Flugkosten) EUR	Behinderungsgrad mind. 70 oder mind. 50 und Merkzeichen „G“
35	110	111	km 112	km 113	km	km 114	,—	115 1 = Ja
36	130	131	km 132	km 133	km	km 134	,—	135 1 = Ja
37	150	151	km 152	km 153	km	km 154	,—	155 1 = Ja
38	170	171	km 172	km 173	km	km 174	,—	175 1 = Ja

			EUR		EUR
39	Arbeitgeberleistungen lt. Nr. 17 und 18 der Lohnsteuerbescheinigung	steuerfrei ersetzt 290	,—	pauschal besteuert 295	,—
40	Von der Agentur für Arbeit oder dem Jobcenter gezahlte Fahrtkostenzuschüsse			291	,—

Beiträge zu Berufsverbänden (Bezeichnung der Verbände)

41		310	,—

Aufwendungen für Arbeitsmittel – soweit nicht steuerfrei ersetzt – (Art der Arbeitsmittel bitte einzeln angeben.)

		EUR		
42		,—		
43		+ ,—	320	,—

Aufwendungen für ein häusliches Arbeitszimmer

44		325	,—

Homeoffice-Pauschale

45	Kalendertage, an denen die berufliche Tätigkeit ausschließlich in der häuslichen Wohnung ausgeübt wurde	335	Anzahl der Tage

Fortbildungskosten – soweit nicht steuerfrei ersetzt –

46		330	,—

Weitere Werbungskosten – soweit nicht steuerfrei ersetzt –

47	Fähr- und Flugkosten bei Wegen zwischen Wohnung und erster Tätigkeitsstätte / Sammelpunkt / weiträumigem Tätigkeitsgebiet	,—		
48	Sonstiges (z. B. Bewerbungskosten, Kontoführungsgebühren)	+ ,—		
49		+ ,—	380	,—

2021AnlN032 2021AnlN032

Steuernummer, Name und Vorname
060/081/54711, Tausendsassa, Horst

Reisekosten bei beruflich veranlassten Auswärtstätigkeiten

61 Die Fahrten wurden ganz oder teilweise mit einem Firmenwagen oder im Rahmen einer unentgeltlichen Sammelbeförderung des Arbeitgebers durchgeführt 401 1 = Ja 2 = Nein

– Falls „Ja": Für die Fahrten mit Firmenwagen oder Sammelbeförderung dürfen mangels Aufwands keine Eintragungen zu Fahrtkosten in Zeile 62 vorgenommen werden. –

Fahrtkosten

62 ,—

Übernachtungskosten

63 + ,—

Reisenebenkosten

64 + ,— 410 ,—

65 **Pauschbeträge für Berufskraftfahrer bei Übernachtung im Kfz** 411 Anzahl der Tage

66 **Vom Arbeitgeber steuerfrei ersetzt** 420 ,—

Pauschbeträge für Mehraufwendungen für Verpflegung

Bei einer Auswärtstätigkeit im Inland:

67 Abwesenheit von mehr als 8 Stunden (bei Auswärtstätigkeit ohne Übernachtung) 470 Anzahl der Tage

68 An- und Abreisetage (bei einer mehrtägigen Auswärtstätigkeit mit Übernachtung) 471 Anzahl der Tage

69 Abwesenheit von 24 Stunden 472 Anzahl der Tage

70 Kürzungsbeträge wegen Mahlzeitengestellung (eigene Zuzahlungen sind ggf. gegenzurechnen) 473 ,—

71 Bei einer Auswärtstätigkeit im Ausland (Berechnung bitte in einer gesonderten Aufstellung): 474 ,—

72 **Vom Arbeitgeber steuerfrei ersetzt** 490 ,—

Werbungskosten in Sonderfällen

– Die in den Zeilen 73 bis 76 erklärten Werbungskosten dürfen nicht in den Zeilen 31 bis 72 und 91 bis 117 enthalten sein –

Werbungskosten zu steuerbegünstigten Versorgungsbezügen lt. Zeile 11

Art der Aufwendungen EUR

73 682 ,—

Werbungskosten zu steuerbegünstigten Versorgungsbezügen für mehrere Jahre lt. Zeile 16

Art der Aufwendungen

74 659 ,—

Werbungskosten zu Entschädigungen / Arbeitslohn für mehrere Jahre lt. Zeile 17 und / oder 18

Art der Aufwendungen

75 660 ,—

76 Werbungskosten zu steuerfreiem Arbeitslohn lt. Zeile 22 und 23 (**Übertrag** aus den Zeilen 76 und 83 der ersten Anlage N-AUS) 657 ,—

Werbungskosten zu steuerpflichtigem Arbeitslohn, von dem kein Steuerabzug vorgenommen worden ist lt. Zeile 21 – in den Zeilen 31 bis 72 und 91 bis 117 enthalten –

Art der Aufwendungen

77 656 ,—

78 Werbungskosten zu Arbeitslohn für eine Tätigkeit im Inland, wenn ein weiterer Wohnsitz in Belgien vorhanden ist – in den Zeilen 31 bis 72 und 91 bis 117 enthalten – 675 ,—

2021AnlN033 **2021AnlN033**

WISO Steuer-Berater 2022, Buhl, Hannover

4

Steuernummer, Name und Vorname
060/081/54711, Tausendsassa, Horst

Mehraufwendungen für doppelte Haushaltsführung

Allgemeine Angaben

91 Der doppelte Haushalt wurde aus beruflichem Anlass begründet 501 ab

92 Grund

93 Der doppelte Haushalt hat seitdem ununterbrochen bestanden 502 bis 2021

94 Beschäftigungsort (PLZ, Ort, sowie zusätzlich der Staat – falls im Ausland und abweichend vom Staat, in dem der doppelte Haushalt liegt –)

95 Der doppelte Haushalt liegt im Ausland 507 1 = Ja Staat

96 Es liegt ein **eigener Hausstand** am Lebensmittelpunkt vor 503 1 = Ja 2 = Nein

– Wird die Zeile 96 mit „Nein" beantwortet, sind Eintragungen in den Zeilen 97 bis 115 nicht vorzunehmen. –

97 PLZ, Ort des eigenen Hausstandes 504 seit

98 Der Begründung des doppelten Haushalts ist eine Auswärtstätigkeit am selben Beschäftigungsort unmittelbar vorausgegangen 505 1 = Ja

99 Anstelle der Mehraufwendungen für doppelte Haushaltsführung werden in den Zeilen 31 bis 39 Fahrtkosten für **mehr** als eine Heimfahrt wöchentlich geltend gemacht 506 1 = Ja

– Wird die Zeile 99 mit „Ja" beantwortet, sind Eintragungen in den Zeilen 100 bis 115 nicht vorzunehmen. –

Fahrtkosten

100 Die Fahrten wurden mit einem **Firmenwagen** oder im Rahmen einer unentgeltlichen **Sammelbeförderung** des Arbeitgebers durchgeführt 510 1 = Ja, insgesamt 2 = Nein 3 = Ja, teilweise

– Soweit die Zeile 100 mit „Ja, insgesamt" beantwortet wird, sind Eintragungen in den Zeilen 101, 102, 104 und 106 nicht vorzunehmen. Bei „Ja, teilweise" sind Eintragungen in diesen Zeilen nur für die mit dem eigenen oder zur Nutzung überlassenen privaten Fahrzeug durchgeführten Fahrten vorzunehmen. –

Erste Fahrt zum Ort der ersten Tätigkeitsstätte und letzte Fahrt zum eigenen Hausstand

101 mit privatem Kfz 511 gefahrene km — Kilometersatz bei Einzelnachweis (Berechnung bitte in einer gesonderten Aufstellung) 512 EUR Ct

102 mit privatem Motorrad / Motorroller 522 gefahrene km — Kilometersatz bei Einzelnachweis (Berechnung bitte in einer gesonderten Aufstellung) 523 EUR Ct

103 mit öffentlichen Verkehrsmitteln oder entgeltlicher Sammelbeförderung 513 EUR ,—

Wöchentliche Familienheimfahrten

104 einfache Entfernung (ohne Flugstrecken) 514 km 515 Anzahl

105 Kosten für öffentliche Verkehrsmittel (ohne Fähr- und Flugkosten) 516 EUR ,—

Nur bei Behinderungsgrad von mindestens 70 oder mindestens 50 und Merkzeichen „G"

106 einfache Entfernung (ohne Flugstrecken) 524 km — davon mit privatem Kfz zurückgelegt 517 km 518 Anzahl — Kilometersatz bei Einzelnachweis (Berechnung bitte in einer gesonderten Aufstellung) 519 EUR Ct

107 Kosten für öffentliche Verkehrsmittel (ohne Fähr- und Flugkosten) 520 EUR ,—

108 Fähr- und Flugkosten (zu den Zeilen 104 bis 107) oder Kosten für entgeltliche Sammelbeförderung für Heimfahrten 521 ,—

Kosten der Unterkunft am Ort der ersten Tätigkeitsstätte

109 Aufwendungen (z. B. Miete einschließlich Stellplatz- / Garagenkosten, Nebenkosten) 530 ,—

110 Größe der Zweitwohnung des doppelten Haushalts im Ausland 531 m²

Pauschbeträge für Mehraufwendungen für Verpflegung

Die Verpflegungsmehraufwendungen lt. Zeilen 111 bis 114 können nur für einen Zeitraum von 3 Monaten nach Bezug der Unterkunft am Ort der ersten Tätigkeitsstätte geltend gemacht werden; geht der doppelten Haushaltsführung eine Auswärtstätigkeit voraus, ist dieser Zeitraum auf den Dreimonatszeitraum anzurechnen.

Bei einer doppelten Haushaltsführung im Inland:

111 An- und Abreisetage 541 Anzahl der Tage

112 Abwesenheit von 24 Stunden 542 Anzahl der Tage

113 Kürzungsbetrag wegen Mahlzeitengestellung (eigene Zuzahlungen sind ggf. gegenzurechnen) 544 EUR ,—

114 Bei einer doppelten Haushaltsführung im Ausland (Berechnung bitte in einer gesonderten Aufstellung) 543 ,—

Sonstige Aufwendungen (z. B. Kosten für den Umzug, die Einrichtung und den Hausrat, jedoch ohne Kosten der Unterkunft lt. Zeile 109)

115 550 ,—

116 Summe der Mehraufwendungen für **weitere** doppelte Haushaltsführungen (Berechnung bitte in einer gesonderten Aufstellung) 551 ,—

117 **Vom Arbeitgeber / von der Agentur für Arbeit insgesamt steuerfrei ersetzt** 590 ,—

2021AnlN034 **2021AnlN034**

4

Anleitung vorhanden 

2021

Zeile					
1	Name: Tausendsassa				
2	Vorname: Horst				
3	**Steuernummer** 060/081/54711	lfd. Nr. der Anlage: 1			

Anlage R

Jeder Ehegatte / Lebenspartner mit Renten und Leistungen hat eine eigene Anlage R abzugeben.

X stpfl. Person / Ehemann / Person A

☐ Ehefrau / Person B

Daten für die mit ⓔ gekennzeichneten Zeilen liegen im Regelfall vor und müssen nicht eingetragen werden. – Bitte Infoblatt eDaten / Anleitung beachten –

Renten und andere Leistungen aus dem Inland

– Ohne Leistungen aus Altersvorsorgeverträgen und aus der betrieblichen Altersversorgung –

7

Leibrenten / Leistungen aus gesetzlichen Rentenversicherungen, landwirtschaftlicher Alterskasse, berufsständischen Versorgungseinrichtungen, eigenen zertifizierten Basisrentenverträgen

Zeile		Kz	1. Rente EUR	Kz	2. Rente EUR	
4	Rentenbetrag (einschließlich Einmalzahlung und Leistungen)	101	5.083,–	151	,–	ⓔ
5	Rentenanpassungsbetrag (in Zeile 4 enthalten)	102	727,–	152	,–	ⓔ
6	Beginn der Rente	103	01.07.1999	153		ⓔ
	Vorhergehende Rente:					
7	Beginn der Rente	105		155		ⓔ
8	Ende der Rente	106		156		ⓔ
9	Nachzahlungen für mehrere vorangegangene Jahre / Kapitalauszahlung (in Zeile 4 enthalten)	111	,–	161	,–	ⓔ
	Öffnungsklausel:					
10	Prozentsatz (lt. Bescheinigung Ihres Versorgungsträgers)	112	%	162	%	
11	die Rente erlischt / wird umgewandelt spätestens am	113		163		
12	bei Einmalzahlung: Betrag	114	,–	164	,–	

Leibrenten aus privaten Rentenversicherungen (auf Lebenszeit / mit zeitlich befristeter Laufzeit)

(ohne Renten lt. Zeile 4 bis 12)

Zeile		Kz	1. Rente EUR	Kz	2. Rente EUR	
13	Rentenbetrag	131	,–	181	,–	ⓔ
14	Beginn der Rente	132		182		ⓔ
15	Geburtsdatum des Erblassers bei Garantiezeitrenten	136		186		
16	Die Rente erlischt mit dem Tod von					
17	Die Rente erlischt / wird umgewandelt spätestens am	133		183		ⓔ
18	Nachzahlungen für mehrere vorangegangene Jahre (in Zeile 13 enthalten)	134	,–	184	,–	ⓔ

2021AnlR121 – Juli 2021 – 2021AnlR121

WISO Steuer-Berater 2022, Buhl, Hannover

Steuernummer, Name und Vorname, lfd. Nr. der Anlage
060/081/54711, Tausendsassa, Horst, lfd. Nr. 1

Leibrenten aus sonstigen Verpflichtungsgründen (z. B. Renten aus Veräußerungsgeschäften)

(ohne Renten lt. Zeile 4 bis 18)

		1. Rente EUR	2. Rente EUR
31	Rentenbetrag	141 ,–	191 ,–
32	Beginn der Rente	142	192
33	Geburtsdatum des Erblassers bei Garantiezeitrenten	146	196
34	Die Rente erlischt mit dem Tod von		
35	Die Rente erlischt / wird umgewandelt spätestens am	143	193
36	Nachzahlungen für mehrere vorangegangene Jahre (in Zeile 31 enthalten)	144 ,–	194 ,–

Werbungskosten

Die Eintragungen in den Zeilen 37 und 38 sind nur in der ersten Anlage R vorzunehmen.

		EUR
37	– zu den Zeilen 4, 13 und 31 – ohne Werbungskosten lt. Zeile 38 – (Art der Aufwendungen)	800 ,–
38	– zu den Zeilen 9, 18 und 36 (Art der Aufwendungen)	801 ,–

Steuerstundungsmodelle

Einkünfte aus Gesellschaften / Gemeinschaften / ähnlichen Modellen i. S. d. § 15b EStG (lt. gesonderter Aufstellung)

		EUR
39		,–

2021AnlR122 2021AnlR122

WISO Steuer-Berater 2022, Buhl, Hannover

Anleitung vorhanden

2021

1	Name: Tausendsassa	**Anlage R**
2	Vorname: Irene	**Jeder Ehegatte / Lebenspartner mit Renten und Leistungen hat eine eigene Anlage R abzugeben.**
3	**Steuernummer** 060/081/54711 — lfd. Nr. der Anlage: 1	☐ stpfl. Person / Ehemann / Person A X Ehefrau / Person B

Daten für die mit ⓔ gekennzeichneten Zeilen liegen im Regelfall vor und müssen nicht eingetragen werden. – Bitte Infoblatt eDaten / Anleitung beachten –

Renten und andere Leistungen aus dem Inland

– Ohne Leistungen aus Altersvorsorgeverträgen und aus der betrieblichen Altersversorgung –

7

4

Leibrenten / Leistungen aus gesetzlichen Rentenversicherungen, landwirtschaftlicher Alterskasse, berufsständischen Versorgungseinrichtungen, eigenen zertifizierten Basisrentenverträgen

Zeile			1. Rente EUR		2. Rente EUR	
4	Rentenbetrag (einschließlich Einmalzahlung und Leistungen)	101	8.400,–	151	,–	ⓔ
5	Rentenanpassungsbetrag (in Zeile 4 enthalten)	102	45,–	152	,–	ⓔ
6	Beginn der Rente	103	01.06.1999	153		ⓔ
	Vorhergehende Rente:					
7	Beginn der Rente	105		155		ⓔ
8	Ende der Rente	106		156		ⓔ
9	Nachzahlungen für mehrere vorangegangene Jahre / Kapitalauszahlung (in Zeile 4 enthalten)	111	,–	161	,–	ⓔ
	Öffnungsklausel:					
10	Prozentsatz (lt. Bescheinigung Ihres Versorgungsträgers)	112	%	162	%	
11	die Rente erlischt / wird umgewandelt spätestens am	113		163		
12	bei Einmalzahlung: Betrag	114	,–	164	,–	

Leibrenten aus privaten Rentenversicherungen (auf Lebenszeit / mit zeitlich befristeter Laufzeit)

(ohne Renten lt. Zeile 4 bis 12)

Zeile			1. Rente EUR		2. Rente EUR	
13	Rentenbetrag	131	,–	181	,–	ⓔ
14	Beginn der Rente	132		182		ⓔ
15	Geburtsdatum des Erblassers bei Garantiezeitrenten	136		186		
16	Die Rente erlischt mit dem Tod von					
17	Die Rente erlischt / wird umgewandelt spätestens am	133		183		ⓔ
18	Nachzahlungen für mehrere vorangegangene Jahre (in Zeile 13 enthalten)	134	,–	184	,–	ⓔ

2021AnlR121 – Juli 2021 – **2021AnlR121**

WISO Steuer-Berater 2022, Buhl, Hannover

Steuernummer, Name und Vorname, lfd. Nr. der Anlage
060/081/54711, Tausendsassa, Irene, lfd. Nr. 1

Leibrenten aus sonstigen Verpflichtungsgründen (z. B. Renten aus Veräußerungsgeschäften)

(ohne Renten lt. Zeile 4 bis 18)

			1. Rente		2. Rente
			EUR		EUR
31	Rentenbetrag	141	,–	191	,–
32	Beginn der Rente	142		192	
33	Geburtsdatum des Erblassers bei Garantiezeitrenten	146		196	
34	Die Rente erlischt mit dem Tod von				
35	Die Rente erlischt / wird umgewandelt spätestens am	143		193	
36	Nachzahlungen für mehrere vorangegangene Jahre (in Zeile 31 enthalten)	144	,–	194	,–

Werbungskosten

Die Eintragungen in den Zeilen 37 und 38 sind nur in der ersten Anlage R vorzunehmen.

			EUR
37	– zu den Zeilen 4, 13 und 31 – ohne Werbungskosten lt. Zeile 38 – (Art der Aufwendungen)	800	,–
38	– zu den Zeilen 9, 18 und 36 (Art der Aufwendungen)	801	,–

Steuerstundungsmodelle

Einkünfte aus Gesellschaften / Gemeinschaften / ähnlichen Modellen i. S. d. § 15b EStG (lt. gesonderter Aufstellung)

		EUR
39		,–

2021AnlR122 2021AnlR122

4

Anleitung vorhanden

2021

Zeile		
	Name / Gemeinschaft	**Anlage V**
1	Tausendsassa	X zur Einkommensteuererklärung
	Vorname	
2	Horst und Irene	zur Feststellungserklärung
3	**Steuernummer** 060/081/54711 — lfd. Nr. der Anlage 1	**Diese Anlage ist bei Zusammenveranlagung von Ehegatten / Lebenspartnern gemeinsam auszufüllen.**

Einkünfte aus Vermietung und Verpachtung

(Bei ausländischen Einkünften: Anlage AUS beachten)

Einkünfte aus dem bebauten Grundstück 25

Lage des Grundstücks / der Eigentumswohnung

Zeile		
	Straße, Hausnummer	Angeschafft am
4	Fliederstraße 29	01.08.2000
	Postleitzahl / Ort	Fertig gestellt am
5	12345 Oberbach	
	Einheitswert-Aktenzeichen (ohne Sonderzeichen)	Veräußert / Übertragen am
6	09	53

Das in Zeile 4 bezeichnete Objekt wird ganz oder teilweise

7 als Ferienwohnung genutzt 61: 2 (1 = Ja, 2 = Nein) — kurzfristig vermietet 63: 2 (1 = Ja, 2 = Nein) — an Angehörige zu Wohnzwecken vermietet 62: 2 (1 = Ja, 2 = Nein)

8 Gesamtwohnfläche 54: 60 m² — davon eigengenutzter oder unentgeltlich an Dritte überlassener Wohnraum 55: m² — davon als Ferienwohnung genutzter Wohnraum 56: m²

Zeile		Erdgeschoss		1. Obergeschoss		2. Obergeschoss		weitere Geschosse			EUR
9	**Mieteinnahmen für Wohnungen** (ohne Umlagen)	3.480 €		€		€		€		01	3.480,—
		Anzahl	Wohnfläche	Anzahl	Wohnfläche	Anzahl	Wohnfläche	Anzahl	Wohnfläche		
10		1	60 m²		m²		m²		m²		
11	**für andere Räume** (ohne Umlagen / Umsatzsteuer)	€		€		€		€		02	,—
12	**Einnahmen für an Angehörige zu Wohnzwecken vermietete Wohnungen** (ohne Umlagen)							Anzahl	Wohnfläche m²	03	,—

Zeile				EUR
	Umlagen, verrechnet mit Erstattungen (z. B. Wassergeld, Flur- u. Kellerbeleuchtung, Müllabfuhr, Zentralheizung usw.)			
13	auf die Zeilen 9 und 11 entfallen		04	,—
14	auf die Zeile 12 entfallen		05	,—
15	Vereinnahmte Mieten für frühere Jahre / verrechnete Mietkautionen / auf das Kalenderjahr entfallende Mietvorauszahlungen aus Baukostenzuschüssen		06	,—
16	Einnahmen aus Vermietung von Garagen, Werbeflächen, Grund und Boden für Kioske usw.		07	,—
17	Vereinnahmte Umsatzsteuer		09	,—
18	Vom Finanzamt erstattete und ggf. verrechnete Umsatzsteuer	Gesamtbetrag	10	,—
19	Öffentliche Zuschüsse nach dem Wohnraumförderungsgesetz oder zu Erhaltungsaufwendungen, Aufwendungszuschüsse, Guthabenzinsen aus Bausparverträgen und sonstige Einnahmen	€		
20	davon entfallen auf eigengenutzte oder unentgeltlich an Dritte überlassene Wohnungen lt. Zeile 8	– €	= 08	,—
21	**Summe der Einnahmen**			3.480,—
22	**Summe der Werbungskosten** (Übertrag aus Zeile 51)		–	2.565,—
23	**Überschuss** (zu übertragen nach Zeile 24)		=	915,—

Zeile			stpfl. Person / Ehemann / Person A / Gesellschaft EUR		Ehefrau / Person B EUR
24	**Zurechnung des Betrags aus Zeile 23**	20	457,—	21	458,—

Die Eintragungen in den Zeilen 25 bis 32 sind nur in der ersten Anlage V vorzunehmen.

Anteile an Einkünften aus (Gemeinschaft, Finanzamt und Steuernummer)

Zeile			stpfl. Person / Ehemann / Person A / Gesellschaft EUR		Ehefrau / Person B EUR
25	1. Grundstücksgemeinschaft	856	,—	857	,—
26	2. Grundstücksgemeinschaft	858	,—	859	,—
27	allen weiteren Grundstücksgemeinschaften	854	,—	855	,—
28	geschlossenen Immobilienfonds	874	,—	875	,—
29	Gesellschaften / Gemeinschaften / ähnlichen Modellen i. S. d. § 15b EStG		,—		,—

2021AnlV101 — Juli 2021 — 2021AnlV101

WISO Steuer-Berater 2022, Buhl, Hannover

4

Steuernummer, Name und Vorname, lfd. Nr. der Anlage
060/081/54711, Tausendsassa, Horst und Irene, lfd. Nr. 1

Andere Einkünfte

Zeile			stpfl. Person / Ehemann / Person A / Gesellschaft EUR		Ehefrau / Person B EUR
31	Einkünfte aus **Untervermietung** von gemieteten Räumen	866	,—	867	,—
32	Einkünfte aus Vermietung und Verpachtung **unbebauter Grundstücke,** von anderem **unbeweglichen Vermögen,** von **Sachinbegriffen** sowie aus **Überlassung von Rechten**	852	,—	853	,—

Werbungskosten

aus dem bebauten Grundstück in den Zeilen 4 und 5

Zeile		Gesamtbetrag EUR (1)	Nur ausfüllen, wenn die Aufwendungen für das Gebäude nur teilweise Werbungskosten sind (siehe Anleitung zu den Zeilen 33 bis 52) – Ausgaben, die **nicht** mit Vermietungseinkünften zusammenhängen, wurden durch direkte Zuordnung ermittelt (2)	verhältnismäßig ermittelt (3)		Abzugsfähige Werbungskosten EUR (4)
	Absetzung für Abnutzung für Gebäude (ohne Beträge in den Zeilen 34 und 35)			%		
33	X linear / degressiv 2,00 % / X wie 2020 / lt. ges. Erltg.				30	1.000,—
34	Sonderabschreibung für Mietwohnungsneubau nach § 7b EStG – wie 2020 / lt. ges. Erltg.				70	,—
35	Erhöhte Absetzungen nach den §§ 7h, 7i EStG, Schutzbaugesetz – wie 2020 / lt. ges. Erltg.				31	,—
36	Absetzung für Abnutzung für bewegliche Wirtschaftsgüter – wie 2020 / lt. ges. Erltg.				60	,—
37	Schuldzinsen (ohne Tilgungsbeträge): Darlehen Bank				33	980,—
38	Geldbeschaffungskosten (z. B. Schätz-, Notar-, Grundbuchgebühren)				34	,—
39	Renten, dauernde Lasten				35	,—
	2021 voll abzuziehende Erhaltungsaufwendungen, die					
40	direkt zugeordnet werden können		X		36	,—
41	verhältnismäßig zugeordnet werden				37	,—
	Auf bis zu 5 Jahre zu verteilende Erhaltungsaufwendungen (§§ 11a, 11b EStG, § 82b EStDV)					
42	Gesamtaufwand 2021 EUR 57 ,— davon 2021 abzuziehen				38	,—
43	zu berücksichtigender Anteil aus 2017				39	,—
44	aus 2018				40	,—
45	aus 2019				41	,—
46	aus 2020				42	,—
47	Grundsteuer, Straßenreinigung, Müllabfuhr, Wasserversorgung, Entwässerung, Hausbeleuchtung, Heizung, Warmwasser, Schornsteinreinigung, Hausversicherungen, Hauswart, Treppenreinigung, Fahrstuhl: siehe Aufstellung				52	220,—
48	Verwaltungskosten: siehe Aufstellung				48	365,—
49	Nur bei umsatzsteuerpflichtiger Vermietung: an das Finanzamt gezahlte und ggf. verrechnete Umsatzsteuer		X		58	,—
50	Sonstiges				49	,—
51	**Summe der Werbungskosten** (zu übertragen nach Zeile 22)					2.565,—
52	Nur bei umsatzsteuerpflichtiger Vermietung: in Zeile 51 enthaltene abziehbare Vorsteuerbeträge				59	,—

Zusätzliche Angaben

Zeile		stpfl. Person / Ehemann / Person A	Ehefrau / Person B
53	2021 vereinnahmte oder bewilligte Zuschüsse aus öffentlichen Mitteln zu den Anschaffungs- / Herstellungskosten (lt. gesonderter Aufstellung)	€	€

2021AnlV102 2021AnlV102

WISO Steuer-Berater 2022, Buhl, Hannover

Ehepartner Tausendsassa - Steuer-Nr.: 060/081/54711
IdNr. Horst: 47 110 815 987
IdNr. Irene: 48 112 932 181
Einkommensteuererklärung 2021

Seite 1
Aufstellungen
zu Anlage V: Fliederstraße 29, 12345 Oberbach

Einkünfte aus dem bebauten Grundstück			
Mieteinnahmen für Wohnungen			
Erdgeschoss			
1,00 x 3.480,00 €		3.480,00	3.480,—
Summe			**3.480,—**
Insgesamt			**3.480,—**
Abschreibungen			
Lineare / degressive Abschreibung			
Die Abschreibungen betragen wie im Vorjahr		**1.000,—**	
Es wurde die lineare Abschreibung gewählt			
Als Werbungskosten abziehbar			**1.000,—**
Insgesamt			**1.000,—**
Schuldzinsen, Damnum, Disagio, Erbbauzinsen etc.			
Darlehen Bank		980,00	
Die Aufwendungen entfallen auf den gesamten Wohnraum.			
Insgesamt abziehbar			980,—
Als Werbungskosten abziehbar			**980,—**
Laufende Betriebskosten			
Grundsteuer		150,00	
Die Aufwendungen entfallen auf den gesamten Wohnraum.			
Insgesamt abziehbar			150,—
Schornsteinreinigung		70,00	
Die Aufwendungen entfallen auf den gesamten Wohnraum.			
Insgesamt abziehbar			70,—
Als Werbungskosten abziehbar			**220,—**
Verwaltungskosten			
Hausverwaltungskosten	300,00	300,00	
Porto- / Telefonkosten	20,00	20,00	
Fahrtkosten für Fahrten mit dem eigenen Fahrzeug Pkw (Standard), 150 gefahrene km x 0,30 €/km	45,00	45,00	
Als Werbungskosten abziehbar			**365,—**

Soweit im Einzelnen nicht anders vermerkt, Betragsangaben in Euro.

4

2021

Name des Steuerpflichtigen bzw. der Gesellschaft/Gemeinschaft/Körperschaft

1 Tausendsassa

Vorname

2 Horst

Anlage EÜR

Bitte für jeden Betrieb eine gesonderte Anlage EÜR übermitteln!

3 **(Betriebs-)Steuernummer** 060/081/54711 | 77 | 21 | 1 |

| 99 | 15 |

Einnahmenüberschussrechnung

nach § 4 Abs. 3 EStG für das Kalenderjahr 2021 Beginn Ende

4 **davon abweichend** 131 2021 132

Zeile		Kz.	Eintrag	
5	Art des Betriebs	100	Versicherungsmakler	
6	Rechtsform des Betriebs		Einzelkaufmann oder Kleingewerbe	
7	Einkunftsart	103	2	Land- und Forstwirtschaft = 1, Gewerbebetrieb = 2, Selbständige Arbeit = 3
8	Betriebsinhaber	104	1	Stpfl./Ehemann/Person A (Ehegatte A/Lebenspartner[in] A)/Gesellschaft/Körperschaft = 1, Ehefrau/Person B (Ehegatte B/Lebenspartner[in] B) = 2, Beide Ehegatten/Lebenspartner[innen] = 3
9	Wurde im Kalenderjahr/Wirtschaftsjahr der Betrieb beendet?	111		Veräußert oder Aufgabe = 1 (Bitte Zeile 102 beachten) Unentgeltliche Übertragung = 2
10	Wurden im Kalenderjahr/Wirtschaftsjahr Grundstücke/grundstücksgleiche Rechte entnommen oder veräußert?	120	2	Ja = 1, Nein = 2

1. Betriebseinnahmen (einschl. steuerfreier Betriebseinnahmen)

| 99 | 20 |

Zeile		Kz.	EUR Ct
11	Betriebseinnahmen als umsatzsteuerlicher **Kleinunternehmer** (nach § 19 Abs. 1 UStG)	111	14.870,00
12	davon nicht steuerbare Umsätze sowie Umsätze nach § 19 Abs. 3 Satz 1 Nr. 1 und 2 UStG	119	*(weiter ab Zeile 17)*
13	Betriebseinnahmen als **Land- und Forstwirt,** soweit die Durchschnittssatzbesteuerung nach § 24 UStG angewandt wird	104	
14	Umsatzsteuerpflichtige Betriebseinnahmen	112	
15	Umsatzsteuerfreie, nicht umsatzsteuerbare Betriebseinnahmen (auch Hilfen/Zuschüsse aufgrund der Corona-Pandemie) sowie Betriebseinnahmen, für die der Leistungsempfänger die Umsatzsteuer nach § 13b UStG schuldet	103	
16	Vereinnahmte Umsatzsteuer sowie Umsatzsteuer auf unentgeltliche Wertabgaben	140	
17	Vom Finanzamt erstattete und ggf. verrechnete Umsatzsteuer (Die Regelung zum 10-Tageszeitraum nach § 11 Abs. 1 Satz 2 EStG ist zu beachten.)	141	
18	Veräußerung oder Entnahme von Anlagevermögen	102	
19	Private Kfz-Nutzung	106	
20	Sonstige Sach-, Nutzungs- und Leistungsentnahmen	108	
21	Auflösung von Rücklagen und Ausgleichsposten (Übertrag aus Zeile 124)		
22	**Summe Betriebseinnahmen** (Übertrag in Zeile 89)	159	14.870,00

2. Betriebsausgaben (einschl. auf steuerfreie Betriebseinnahmen entfallende Betriebsausgaben)

| 99 | 25 |

Zeile		Kz.	EUR Ct
23	Betriebsausgabenpauschale **für bestimmte Berufsgruppen**	195	
24	Sachlicher Bebauungskostenrichtbetrag und Ausbaukostenrichtbeträge für **Weinbaubetriebe** (Übertrag aus Zeile 12 der Anlage LuF)		
25	Betriebsausgabenpauschale für **Forstwirte** (Übertrag der Summe der Zeilen 16 und 20 der Anlage LuF)		
26	Waren, Rohstoffe und Hilfsstoffe einschl. der Nebenkosten	100	
27	Bezogene Fremdleistungen	110	
28	Ausgaben für eigenes Personal (z. B. Gehälter, Löhne und Versicherungsbeiträge)	120	3.000,00
	Absetzung für Abnutzung (AfA)		
29	AfA auf unbewegliche Wirtschaftsgüter (Übertrag aus Zeile 6 der Anlage AVEÜR)	136	
30	AfA auf immaterielle Wirtschaftsgüter (Übertrag aus Zeile 9 der Anlage AVEÜR)	131	
31	AfA auf bewegliche Wirtschaftsgüter (Übertrag aus Zeile 13 der Anlage AVEÜR)	130	699,00
	Übertrag (Summe Zeilen 23 bis 31)		3.699,00

2021AnlEÜR801 – Aug. 2021 – 2021AnlEÜR801

WISO Steuer-Berater 2022, Buhl, Hannover

(Betriebs-)Steuernummer
060/081/54711

Nr.	Bezeichnung	Kz	EUR Ct
	Übertrag (Summe Zeilen 23 bis 31)		3.699,00
41	Sonderabschreibungen nach § 7b EStG und § 7g Abs. 5 und 6 EStG (Übertrag der Summe der Zeilen 4 und 13 der Anlage AVEÜR)	134	
42	Herabsetzungsbeträge nach § 7g Abs. 2 Satz 3 EStG (Erläuterungen auf gesondertem Blatt)	138	
43	Aufwendungen für geringwertige Wirtschaftsgüter nach § 6 Abs. 2 EStG	132	
44	Auflösung Sammelposten nach § 6 Abs. 2a EStG (Übertrag aus Zeile 19 der Anlage AVEÜR)	137	
45	Restbuchwert der ausgeschiedenen Anlagegüter (Übertrag der Summe der Einzelbeträge aus Spalte „Abgänge" der Anlage AVEÜR ohne Zeile 22)	135	
	Raumkosten und sonstige Grundstücksaufwendungen (ohne häusliches Arbeitszimmer)		
46	Miete/Pacht für Geschäftsräume und betrieblich genutzte Grundstücke	150	
47	Aufwendungen für doppelte Haushaltsführung (z. B. Miete)	152	
48	Sonstige Aufwendungen für betrieblich genutzte Grundstücke (ohne Schuldzinsen und AfA)	151	600,00
	Sonstige unbeschränkt abziehbare Betriebsausgaben		
49	Aufwendungen für Telekommunikation (z. B. Telefon, Internet)	280	360,00
50	Übernachtungs- und Reisenebenkosten bei Geschäftsreisen des Steuerpflichtigen	221	
51	Fortbildungskosten (ohne Reisekosten)	281	150,00
52	Kosten für Rechts- und Steuerberatung, Buchführung	194	850,00
53	Miete/Leasing für bewegliche Wirtschaftsgüter (ohne Kraftfahrzeuge)	222	
54	Erhaltungsaufwendungen (z. B. Instandhaltung, Wartung, Reparatur; ohne solche für Gebäude und Kraftfahrzeuge)	225	
55	Beiträge, Gebühren, Abgaben und Versicherungen (ohne solche für Gebäude und Kraftfahrzeuge)	223	480,00
56	Laufende EDV-Kosten (z. B. Beratung, Wartung, Reparatur)	228	
57	Arbeitsmittel (z. B. Bürobedarf, Porto, Fachliteratur)	229	380,00
58	Kosten für Abfallbeseitigung und Entsorgung	226	
59	Kosten für Verpackung und Transport	227	
60	Werbekosten (z. B. Inserate, Werbespots, Plakate)	224	250,00
61	Schuldzinsen zur Finanzierung von Anschaffungs- und Herstellungskosten von Wirtschaftsgütern des Anlagevermögens (ohne häusliches Arbeitszimmer)	232	
62	Übrige Schuldzinsen	234	
63	Gezahlte Vorsteuerbeträge	185	
64	An das Finanzamt gezahlte und ggf. verrechnete Umsatzsteuer (Die Regelung zum 10-Tageszeitraum nach § 11 Abs. 2 Satz 2 EStG ist zu beachten.)	186	
65	Rücklagen, stille Reserven und/oder Ausgleichsposten (Übertrag aus Zeile 124)		
66	Übrige unbeschränkt abziehbare Betriebsausgaben (auch zurückgezahlte Hilfen/Zuschüsse aufgrund der Corona-Pandemie)	183	211,00

Nr.	**Beschränkt abziehbare Betriebsausgaben**	Kz	nicht abziehbar EUR Ct	Kz	abziehbar EUR Ct
67	Geschenke	164		174	
68	Bewirtungsaufwendungen	165		175	
69	Verpflegungsmehraufwendungen			171	
70	Aufwendungen für ein häusliches Arbeitszimmer (einschl. AfA und Schuldzinsen)	162		172	
71	Sonstige beschränkt abziehbare Betriebsausgaben	168		177	
	Übertrag (Summe Zeilen 23 bis 71)				6.980,00

2021AnlEÜR802 2021AnlEÜR802

WISO Steuer-Berater 2022, Buhl, Hannover

(Betriebs-)Steuernummer
060/081/54711

Zeile	Bezeichnung	Kz.	EUR
	Übertrag (Summe Zeilen 23 bis 71)		6.980,00
	Kraftfahrzeugkosten und andere Fahrtkosten		
81	Leasingkosten	144	
82	Steuern, Versicherungen und Maut	145	
83	Sonstige tatsächliche Fahrtkosten ohne AfA und Zinsen (z. B. Reparaturen, Wartungen, Treibstoff, Kosten für Flugstrecken, Kosten für öffentliche Verkehrsmittel)	146	
84	Fahrtkosten für nicht zum Betriebsvermögen gehörende Fahrzeuge (Nutzungseinlage)	147	1.581,00
85	Fahrtkosten für Wege zwischen Wohnung und erster Betriebsstätte; Familienheimfahrten (pauschaliert oder tatsächlich)	142 –	
86	Mindestens abziehbare Fahrtkosten für Wege zwischen Wohnung und erster Betriebsstätte (Entfernungspauschale); Familienheimfahrten	176 +	
87	Nicht abziehbare Beträge (Beispiele siehe Anleitung)	139 –	
88	**Summe Betriebsausgaben** (Übertrag in Zeile 90)	199	8.561,00

3. Ermittlung des Gewinns

Zeile	Bezeichnung	Kz.	EUR Ct
89	Summe der Betriebseinnahmen (Übertrag aus Zeile 22)		14.870,00
90	abzüglich Summe der Betriebsausgaben (Übertrag aus Zeile 88)	–	8.561,00
	abzüglich steuerfreier Einnahmen nach		
91	– § 3 Nr. 26, 26a, 26b EStG	240 –	
92	– § 3 EStG (ohne Nr. 26, 26a, 26b und Teileinkünfteverfahren)	241 –	
93	– § 3a EStG	242 –	
	zuzüglich nicht abziehbarer Betriebsausgaben nach		
94	– § 3 Nr. 26, 26a, 26b EStG	243 +	
95	– § 3c Abs. 1 EStG	244 +	
96	– § 3c Abs. 4 EStG	245 +	
	zuzüglich		
96a	– Hinzurechnung der Investitionsabzugsbeträge nach § 7g Abs. 2 Satz 1 EStG aus 2016 (aufgrund Corona-Pandemie bei abweichendem Wj.; Erläuterungen auf gesondertem Blatt)	278 +	
96b	– Hinzurechnung der Investitionsabzugsbeträge nach § 7g Abs. 2 Satz 1 EStG aus 2017 (aufgrund Corona-Pandemie; Erläuterungen auf gesondertem Blatt)	279 +	
97	– Hinzurechnung der Investitionsabzugsbeträge nach § 7g Abs. 2 Satz 1 EStG aus 2018 (Erläuterungen auf gesondertem Blatt)	180 +	
98	– Hinzurechnung der Investitionsabzugsbeträge nach § 7g Abs. 2 Satz 1 EStG aus 2019 (Erläuterungen auf gesondertem Blatt)	181 +	
99	– Hinzurechnung der Investitionsabzugsbeträge nach § 7g Abs. 2 Satz 1 EStG aus 2020 (Erläuterungen auf gesondertem Blatt)	182 +	
100	– Gewinnzuschlag nach § 6c i. V. m. § 6b Abs. 7 und 10 EStG	123 +	
	abzüglich		
101	– Investitionsabzugsbeträge nach § 7g Abs. 1 EStG	187 –	
102	Hinzurechnungen und Abrechnungen bei Wechsel der Gewinnermittlungsart (Erläuterungen auf gesondertem Blatt)	250	
103	Ergebnisanteile aus Beteiligungen an Personengesellschaften (auch Kostenträgergemeinschaften)	255	
104	Korrigierter Gewinn/Verlust	290	6.309,00

Zeile	Bezeichnung	Kz.	Gesamtbetrag	Kz.	Korrekturbetrag
105	Bereits berücksichtigte Beträge, für die Steuerbefreiungen nach InvStG gelten (ohne Beträge lt. Zeile 106; Erläuterungen auf gesondertem Blatt)	263		264	
106	Bereits berücksichtigte Beträge, für die das Teileinkünfteverfahren bzw. § 8b KStG gilt	261		262	

Zeile	Bezeichnung	Kz.	EUR
107	Steuerpflichtiger Gewinn/Verlust vor Anwendung des § 4 Abs. 4a EStG	293	6.309,00
108	Hinzurechnungsbetrag nach § 4 Abs. 4a EStG	271 +	
109	**Steuerpflichtiger Gewinn/Verlust**	219	6.309,00
	Nur bei Personengesellschaften/gesonderten Feststellungen:		
110	Anzusetzender steuerpflichtiger Gewinn/Verlust nach Anwendung des § 4 Abs. 4a EStG ohne Berücksichtigung des InvStG, des Teileinkünfteverfahrens bzw. § 8b KStG (Betrag lt. Zeile 104 zuzüglich Betrag lt. Zeile 108)		(zu erfassen auf der Anlage FE 1 bzw. der Anlage FG; siehe Anleitung)

2021AnlEÜR803 2021AnlEÜR803

WISO Steuer-Berater 2022, Buhl, Hannover

4

(Betriebs-)Steuernummer
060/081/54711

4. Ergänzende Angaben

99 | 27

Rücklagen und stille Reserven
(Erläuterungen auf gesondertem Blatt)

			Bildung/Übertragung EUR Ct		Auflösung EUR Ct
121	Rücklagen nach § 6c i. V. m. § 6b EStG, R 6.6 EStR	187		120	
122	Übertragung von stillen Reserven nach § 6c i. V. m. § 6b EStG, R 6.6 EStR	170			
123	Ausgleichsposten nach § 4g EStG	191		125	
124	Gesamtsumme	190		124	
			(Übertrag in Zeile 65)		(Übertrag in Zeile 21)

5. Zusätzliche Angaben bei Einzelunternehmen

99 | 29

Entnahmen und Einlagen i. S. d. § 4 Abs. 4a EStG

			EUR Ct
125	Entnahmen einschl. Sach-, Leistungs- und Nutzungsentnahmen	122	0,00
126	Einlagen einschl. Sach-, Leistungs- und Nutzungseinlagen	123	0,00

2021AnlEÜR804 2021AnlEÜR804

WISO Steuer-Berater 2022, Buhl, Hannover

4

Tausendsassa, Horst - Steuer-Nr.: 060/081/54711 — **Seite 1**
IdNr.: 47 110 815 987 — Aufstellungen
Einkommensteuererklärung 2021 — zu Anlage EÜR (Horst) - 1. Gewerbebetrieb

Einkünfte aus dem ersten Gewerbebetrieb
Versicherungsmakler

Betriebseinnahmen			
Betriebseinnahmen als umsatzsteuerlicher Kleinunternehmer			
Provisionen	14.370,00		
Erfolgsprämien	500,00	14.870,00	
Summe der anzusetzenden Betriebseinnahmen			**14.870,00**
Betriebsausgaben			
Ausgaben für eigenes Personal			
Personalkosten Aushilfe		3.000,00	3.000,00
Absetzungen für Abnutzungen (AfA)			
AfA auf bewegliche Wirtschaftsgüter			699,00
Fahrzeugkosten und andere Fahrtkosten			
Geschäftsfahrten mit dem privaten Pkw			
Pkw (Standard), 5.270 gefahrene km x 0,30 €/km		1.581,00	1.581,00
Aufwendungen für betriebliche Grundstücke			
Raumkosten		600,00	600,00
Sonstige Betriebsausgaben			
Telefon und Internet			360,00
Rechts- und Steuerberatungskosten, Buchführungskosten			
Steuerberatungskosten		850,00	850,00
Portokosten			
Porto	120,00	120,00	
Bürobedarf			
Büromaterial	260,00	260,00	
Summe Arbeitsmittel			380,00
Fortbildungskosten			
Fortbildung		150,00	150,00
Beiträge, Gebühren, Abgaben und Versicherungen			
Versicherungen und Beiträge		480,00	480,00
Werbekosten			
Werbekosten		250,00	250,00
Übrige unbeschränkte abziehbare Betriebsausgaben			
Sonstiges			
sonstige Kosten	211,00	211,00	
Summe übrige unbeschränkte abziehbare Betriebsausgaben			211,00
Summe der anzusetzenden Betriebsausgaben			**8.561,00**
Gewinn			**6.309,00**

Abschreibungen

Wirtschaftsgüter, die ausschließlich als Gewerbetreibender genutzt werden	
Betriebs- und Geschäftsausstattungen	699,00
Insgesamt	**699,00**

Telefon und Internet

Betriebliche Telefon- und Internetanschlüsse	
Telefon und Internet	
01.01., 063811223345, Januar	30,00
01.02., 063811223345, Februar	30,00
01.03., 063811223345, März	30,00
01.04., 063811223345, April	30,00
01.05., 063811223345, Mai	30,00
01.06., 063811223345, Juni	30,00
01.07., 063811223345, Juli	30,00
01.08., 063811223345, August	30,00

Soweit im Einzelnen nicht anders vermerkt, Betragsangaben in Euro.

Tausendsassa, Horst - Steuer-Nr.: 060/081/54711 **Seite 2**
IdNr.: 47 110 815 987 Aufstellungen
Einkommensteuererklärung 2021 zu Anlage EÜR (Horst) - 1. Gewerbebetrieb

01.09., 063811223345, September	30,00		
01.10., 063811223345, Oktober	30,00		
01.11., 063811223345, November	30,00		
01.12., 063811223345, Dezember	30,00	360,00	
Insgesamt			**360,00**
Insgesamt			**360,00**

4

Soweit im Einzelnen nicht anders vermerkt, Betragsangaben in Euro.

4

Name des Steuerpflichtigen bzw. der Gesellschaft/Gemeinschaft/Körperschaft

1 Tausendsassa, Horst

2 (Betriebs-)Steuernummer 060/081/54711

Anlage AVEÜR 2021

Anlageverzeichnis/Ausweis des Umlaufvermögens[1] zur Anlage EÜR

77 | 21 | 1
99 | 40

Zeile	Gruppe/ Bezeichnung des Wirtschaftsguts	Anschaffungs-/ Herstellungskosten/ Einlagewert EUR Ct	Buchwert zu Beginn des Gewinnermittlungszeitraums EUR Ct	Zugänge EUR Ct	Sonderabschreibung nach § 7b EStG [4] und § 7g Abs. 5 und 6 EStG [5] EUR Ct	AfA/ Auflösungsbetrag EUR Ct	Abgänge (insgesamt Übertrag in Zeile 45 der Anlage EÜR) [3] EUR Ct	Buchwert am Ende des Gewinnermittlungszeitraums EUR Ct
	Grundstücke und grundstücksgleiche Rechte							
3	Grund und Boden	100	101	102			105	106
4	Gebäude	110	111	112	113	114	115	116
5	Andere (z. B. grundstücksgleiche Rechte)	120	121	122	(zu erfassen in Zeile 41 der Anlage EÜR)	124	125	126
6	Summe					190 (Übertrag in Zeile 29 der Anlage EÜR)		
	Häusliches Arbeitszimmer							
7	Anteil Grund und Boden	200	201	202			205	206
8	Gebäudeteil	210	211	212		214 (zu erfassen in Zeile 70 der Anlage EÜR)	215	216
9	**Immaterielle Wirtschaftsgüter** (z. B. erworbene Firmen-, Geschäfts- oder Praxiswerte)	320	321	322		324 (Übertrag in Zeile 30 der Anlage EÜR)	325	326
	Bewegliche Wirtschaftsgüter (ohne GWG)							
10	Kraftfahrzeuge	400	401	402	403	404	405	406
11	Büroausstattung	410	411	412	413	414	415	416
12	Andere	420 2.100,00	421 700,00	422	423	424 699,00	425	426 1,00
13	Summe				480 (zu erfassen in Zeile 41 der Anlage EÜR)	490 699,00 (Übertrag in Zeile 31 der Anlage EÜR)		
14	**Sammelposten 2021**			432		434		436
15	**Sammelposten 2020**	440	441			444		446
16	**Sammelposten 2019**	450	451			454		456
17	**Sammelposten 2018**	460	461			464		466
18	**Sammelposten 2017**	470	471			474		
19	Summe					499 (Übertrag in Zeile 44 der Anlage EÜR)		
	Finanzanlagen							
20	Anteile an Unternehmen etc. [2]	500	501	502			505	506
21	Andere	510	511	512			515	516
22	**Umlaufvermögen** [1]	600		602			605 (zu erfassen in Zeile 26 der Anlage EÜR)	606

1) nur Umlaufvermögen i. S. d. § 4 Abs. 3 Satz 4 EStG (z. B. Wertpapiere, Grund und Boden sowie Gebäude) bzw. § 32b Abs. 2 Satz 1 Nr. 2 Satz 2 Buchstabe c EStG
2) für deren Erträge das Teileinkünfteverfahren bzw. § 8b KStG gilt
3) Summe der Einzelbeträge ohne Betrag aus Zeile 22
4) Sonderabschreibung nach § 7b EStG ausschließlich in Zeile 4
5) Sonderabschreibung nach § 7g Abs. 5 und 6 EStG ausschließlich in den Zeilen 10 bis 12

2021AnlAVEÜR811 - Aug. 2021 - 2021AnlAVEÜR811

WISO Steuer-Berater 2022, Buhl, Hannover

Tausendsassa, Horst - Steuer-Nr.: 060/081/54711
IdNr.: 47 110 815 987
Einkommensteuererklärung 2021

Seite 1
Aufstellungen
zu Anlage AVEÜR (Horst) - 1. Gewerbebetrieb

Verzeichnis der abnutzbaren Anlagegüter

Bezeichnung	Datum der Anschaffung	Anschaf-fungskosten	Zugänge	Abgänge	ND	AfA Vorjahre	RBW Vorjahr	AfA 2021 Insgesamt	RBW 31.12.2021	Anlagen-abgang
Betriebs- und Geschäftsausstattungen:										
PC, PC	01.01.2019	2.100,00			3	1.400,00	700,00	699,00	1,00	
Summe Abschreibungen								**699,00**		
Abschreibungen insgesamt								**699,00**		

Soweit im Einzelnen nicht anders vermerkt, Betragsangaben in Euro.

4

Ehepartner Tausendsassa - Steuer-Nr.: 060/081/54711
IdNr. Horst: 47 110 815 987
IdNr. Irene: 48 112 932 181
Einkommensteuererklärung 2021

Seite 1
Steuerberechnung

Achtung: Nur für Ihre Unterlagen! Nicht an das Finanzamt abgeben.

Berechnung 2021 für Einkommensteuer, Solidaritätszuschlag und Kirchensteuer

Aktuelle Veranlagungswahl: Zusammenveranlagung

Festsetzung	**Einkommen-steuer €**	**Solidaritäts-zuschlag €**	**Kirchensteuer €**
Festgesetzt werden	328,00	0,00	29,52
ab Steuerabzug vom Arbeitslohn			
Horst	2.496,96	137,28	224,64
Irene	0,00	0,00	0,00
Summe (aufgerundet bei Einkommensteuer)	2.497,00	137,28	224,64
Verbleibende Beträge	-2.169,00	-137,28	-195,12
Abrechnung			
Abzurechnen sind	-2.169,00	-137,28	-195,12
bereits gezahlt (Vorauszahlungen)	0,00	0,00	0,00
Unterschiedsbetrag	-2.169,00	-137,28	-195,12
Ausgleich durch Verrechnung	0,00	0,00	0,00
demnach zu viel entrichtet	2.169,00	137,28	195,12
Erstattungsbetrag:	**2.501,40**		

Durchschnittlicher Steuersatz (ohne Abgeltungsteuer)	6,3752 %
Grenzsteuersatz (ohne Abgeltungsteuer)	23,8586 %

Besteuerungsgrundlagen:

Berechnung des zu versteuernden Einkommens und der Einkommensteuer

			Horst Euro		Irene Euro
	Einkünfte aus Gewerbebetrieb				
	Laufende Gewinne		6.309		
	darin Gewinne als Einzelunternehmer	6.309			
	davon positive gewerbliche Einkünfte i.S.d. § 35 EStG	6.309			
	Einkünfte		**6.309**		**0**
	Einkünfte aus nichtselbständiger Arbeit				
	Bruttoarbeitslohn		24.278		
	darin steuerbegünstigte Versorgungsbezüge	24.278			
1	ab Versorgungsfreibetrag		3.000		
	lt. Versorgungsfreibetrag und Zuschlag				
2	ab Zuschlag zum Versorgungsfreibetrag		900		
3	ab Werbungskosten-Pauschbetrag Versorgungsbezug		102		
	Einkünfte		**20.276**		**0**
	Einkünfte aus Vermietung und Verpachtung				
	aus bebauten Grundstücken				
	Fliederstraße 29		457		458
	Einkünfte		**457**		**458**
	Sonstige Einkünfte				
	Leibrenten und Leistungen				
	Steuerpflichtiger Teil der 1. Rente		2.905		4.222
	darin Jahresbetrag der Rente	5.083		8.400	
	darin enthaltener Anpassungsbetrag	727		45	
	darin steuerfreier Teil der Rente	2.178		4.178	
	Summe der zu besteuernden Renten		2.905		4.222
	darin laufende Rentenzahlungen	2.905		4.222	

Soweit im Einzelnen nicht anders vermerkt, Betragsangaben in Euro.

Ehepartner Tausendsassa - Steuer-Nr.: 060/081/54711 — **Seite 2**
IdNr. Horst: 47 110 815 987 — Steuerberechnung
IdNr. Irene: 48 112 932 181
Einkommensteuererklärung 2021

4	ab Werbungskosten-Pauschbetrag	102		102
	Einkünfte	**2.803**		**4.120**
	Summe der Einkünfte	**29.845**		**4.578**
5	ab Altersentlastungsbetrag	1.900		184
	Gesamtbetrag der Einkünfte	**27.945**		**4.394**
	Gesamtbetrag der Einkünfte insgesamt			**32.339**
	ab beschränkt abziehbare Sonderausgaben			
	Summe der abziehbaren Vorsorgeaufwendungen			0
	ab unbeschränkt abziehbare Sonderausgaben			
	gezahlte Kirchensteuer		247	
	erstattete Kirchensteuer		203	
	Summe der unbeschränkt abziehbaren Sonderausgaben		44	
6	mindestens jedoch Sonderausgaben-Pauschbetrag			72
	ab Außergewöhnliche Belastungen			
	Aufwendungen nach § 33 EStG		4.335	
	ab zumutbare Belastung		1.463	
	abziehbar nach § 33 EStG (Überbelastungsbetrag)			2.872
	Einkommen / zu versteuerndes Einkommen			**29.395**
	Berechnung der Einkommensteuer			**Euro**
	Zu versteuern nach			
	dem Splittingtarif	29.395		1.874
	Tarifliche Einkommensteuer			**1.874**
7	ab Steuerermäßigung nach § 35a EStG			1.546
	lt. Steuerermäßigung nach § 35a EStG (Haushaltsnahe Leistungen)			
	Festzusetzende Einkommensteuer			**328**
	Berechnung des Solidaritätszuschlags			**Euro**
8	Bemessungsgrundlage (ohne Steuer nach § 32d EStG)			328
	ab Freigrenze			33.912
	Bemessungsgrundlage nach Abzug der Freigrenze			0
9	davon 11,9 % Solidaritätszuschlag			0,00
	Festzusetzender Solidaritätszuschlag			**0,00**
	Berechnung der Kirchensteuer			**Euro**
	Festzusetzende Einkommensteuer (ohne Steuer nach § 32d EStG)			328
	Bemessungsgrundlage (ohne Steuer nach § 32d EStG)			328
	davon 9,00 % Kirchensteuer			29,52
	Festzusetzende Kirchensteuer - ev. - , - ev. -			**29,52**

Ehepartner Tausendsassa - Steuer-Nr.: 060/081/54711 **Seite 1**
IdNr. Horst: 47 110 815 987 Erläuterungen und Hinweise
IdNr. Irene: 48 112 932 181
Einkommensteuererklärung 2021

Achtung: Nur für Ihre Unterlagen! Nicht an das Finanzamt abgeben.

Erläuterungen und Hinweise

Wichtiger Hinweis zur vorläufigen Rentenbesteuerung:
Sollte nach einer künftigen Entscheidung des Bundesverfassungsgerichts oder Bundesfinanzhofs dieser Steuerbescheid hinsichtlich der Besteuerung von Leibrenten und anderen Leistungen aus der Basisversorgung nach § 22 Nummer 1 Satz 3 Buchstabe a Doppelbuchstabe aa EStG zum Vorteil der steuerpflichtigen Person zu ändern sein, benötigt das Finanzamt weitere Unterlagen dazu. Dem Finanzamt liegen nicht alle erforderlichen Informationen für eine automatische Korrektur vor.
Das heißt, dass betroffene steuerpflichtige Personen dann aktiv tätig werden und den Nachweis der Doppelbesteuerung erbringen müssen.

4

Wahl der Veranlagungsart

Es ist die Zusammenveranlagung ausgewählt. Dieses ist auch die günstigste Wahl für Sie.

Bei der Zusammenveranlagung ergibt sich eine Erstattung von insgesamt:	2.501,40 €
Bei der Einzelveranlagung von Ehepartnern mit Antrag auf hälftige Verteilung ergibt sich eine Nachzahlung von insgesamt:	753,34 €
Bei der Einzelveranlagung von Ehepartnern ohne Antrag auf hälftige Verteilung ergibt sich eine Erstattung von insgesamt:	347,56 €

Zumutbaren Belastung

Bestimmte außergewöhnliche Belastungen (z. B. Krankheitskosten) wirken sich steuerlich erst aus, wenn sie die sogenannte zumutbare Belastung überschritten haben.

Ermittlung der zumutbaren Belastung:

• GdE bis 15.340 €:	4 % x 15.340 €	613,60 €
• GdE über 15.340 € bis 51.130 €:	5 % x 16.999 €	849,95 €
Zumutbare Belastung insgesamt:		1.463,— €

Ehepartner Tausendsassa - Steuer-Nr.: 060/081/54711 — **Seite 1**
IdNr. Horst: 47 110 815 987 — Versorgungsfreibetrag und Zuschlag
IdNr. Irene: 48 112 932 181
Einkommensteuererklärung 2021

Achtung: Nur für Ihre Unterlagen! Nicht an das Finanzamt abgeben.

Versorgungsfreibetrag und Zuschlag zum Versorgungsfreibetrag

Versorgungsbezüge von Horst

Ermittlung der Höchstbeträge

Erstjahr für die Berechnung	2005	
Prozentsatz des Erstjahres	40,0 %	
Höchstbeträge:		
Versorgungsfreibetrag	3.000	
Zuschlag zum Versorgungsfreibetrag	900	

Für die Folgejahre erfolgt eine Festschreibung der maßgebenden Jahreshöchstbeträge, so dass der festgeschriebene Versorgungsfreibetrag für die folgenden Steuerjahre maximal 3.000 € und der festgeschriebene Zuschlag zum Versorgungsfreibetrag (außer bei Versorgungsbezügen aus Abgeordnetenbezügen) 900 € beträgt.
Es wird demnach keine Neuberechnung durch regelmäßige Anpassungen der Versorgungsbezüge ausgelöst.
Nur wenn die Änderungen des Versorgungsbezugs ihre Ursachen in der Anwendung von Anrechnungs-, Ruhens-, Erhöhungs- oder Kürzungsregelungen haben, findet eine Neuberechnung statt.

Versorgungsbezüge aus nichtselbständiger Arbeit

1. Versorgungsbezug (Lohnsteuerbescheinigung 01.01. - 31.12.)

Ermittlung für den laufenden Versorgungsbezug		
Beginn des laufenden Versorgungsbezugs	2005	
Anzahl der Monate in 2021	12 Monate	
Prozentsatz für den Versorgungsfreibetrag (Versorgungsbeginn: 2005)	40,0 %	
Bemessungsgrundlage für den laufenden Versorgungsbezug	24.278	
Versorgungsfreibetrag (12 Monate x 250 €)		3.000
Zuschlag zum Versorgungsfreibetrag (12 Monate x 75 €)		900
Zusammenfassung für die Versorgungsbezüge aus nichtselbständiger Arbeit		
Summe der Versorgungsfreibeträge	3.000	
Höchstbetrag des Versorgungsfreibetrags	3.000	
Anzusetzender Versorgungsfreibetrag		**3.000**
Summe der Zuschläge für den Versorgungsfreibetrag	900	
Höchstbetrag des Zuschlags zum Versorgungsfreibetrag	900	
Anzusetzender Zuschlag		**900**

4

Ehepartner Tausendsassa - Steuer-Nr.: 060/081/54711 **Seite 1**
IdNr. Horst: 47 110 815 987 Leibrenten und Leistungen
IdNr. Irene: 48 112 932 181
Einkommensteuererklärung 2021

4

Horst (17.06.1939)

Leibrenten und Leistungen
Leibrenten / Leistungen

1. Rente		
Leibrente aus gesetzlicher Rentenversicherung		
Bezeichnung: Rente		
Die Rente läuft seit dem 01.07.1999		
Brutto - Rentenbetrag	5.083,—	
Ermittlung des Besteuerungsanteils der Rente:		
Besteuerungsanteil gem. § 22 Nr. 1 S. 3 Buchstabe a Doppelbuchstabe aa EStG		
Besteuerungsanteil der Rente	50 %	
Bemessungsgrundlage (laufende Rente)	5.083,00	
Abzüglich Anpassungsbetrag (lt. Rentenbezugsmitteilung)	727,00	
Zwischensumme	4.356,00	
Vorläufiger Besteuerungsanteil (50 % x 4.356,00)	2.178,00	
Zuzüglich Anpassungsbetrag (lt. Rentenbezugsmitteilung)	727,00	
Besteuerungsanteil der laufenden Rente	2.905,—	
Steuerpflichtiger Anteil		**2.905,—**
Summe der zu besteuernden Renten		**2.905,—**

Irene (29.05.1940)

Leibrenten und Leistungen
Leibrenten / Leistungen

1. Rente		
Leibrente aus gesetzlicher Rentenversicherung		
Bezeichnung: Rente		
Die Rente läuft seit dem 01.06.1999		
Brutto - Rentenbetrag	8.400,—	
Ermittlung des Besteuerungsanteils der Rente:		
Besteuerungsanteil gem. § 22 Nr. 1 S. 3 Buchstabe a Doppelbuchstabe aa EStG		
Besteuerungsanteil der Rente	50 %	
Bemessungsgrundlage (laufende Rente)	8.400,00	
Abzüglich Anpassungsbetrag (lt. Rentenbezugsmitteilung)	45,00	
Zwischensumme	8.355,00	
Vorläufiger Besteuerungsanteil (50 % x 8.355,00)	4.177,50	
Zuzüglich Anpassungsbetrag (lt. Rentenbezugsmitteilung)	45,00	
Besteuerungsanteil der laufenden Rente	4.222,—	
Steuerpflichtiger Anteil		**4.222,—**
Summe der zu besteuernden Renten		**4.222,—**

Ehepartner Tausendsassa - Steuer-Nr.: 060/081/54711	**Seite 1**
IdNr. Horst: 47 110 815 987	Altersentlastungsbetrag
IdNr. Irene: 48 112 932 181	
Einkommensteuererklärung 2021	

Achtung: Nur für Ihre Unterlagen! Nicht an das Finanzamt abgeben.

Berechnung des Altersentlastungsbetrags für Horst		
Bruttoarbeitslohn		24.278
Abzüglich Versorgungsbezüge i.S.d. § 19 Abs. 2 EStG		24.278
Zuzüglich Positive Summe der Einkünfte (ohne Einkünfte aus § 19 EStG)		9.569
Abzüglich Leibrenten i.S.d. § 22 Nr. 1 S. 3 Buchstabe a EStG		2.803
Bemessungsgrundlage		**6.766**
Maßgebendes Kalenderjahr gem. § 24a EStG	2004	
Prozentsatz gem. § 24a EStG	**40,0 %**	
Bemessungsgrundlage 6.766 € x Prozentsatz 40,0 % (aufgerundet)		2.707
Maximal den Höchstbetrag gem. § 24a EStG		1.900
Altersentlastungsbetrag		**1.900**
Berechnung des Altersentlastungsbetrags für Irene		
Bruttoarbeitslohn		0
Zuzüglich Positive Summe der Einkünfte (ohne Einkünfte aus § 19 EStG)		4.578
Abzüglich Leibrenten i.S.d. § 22 Nr. 1 S. 3 Buchstabe a EStG		4.120
Bemessungsgrundlage		**458**
Maßgebendes Kalenderjahr gem. § 24a EStG	2005	
Prozentsatz gem. § 24a EStG	**40,0 %**	
Bemessungsgrundlage 458 € x Prozentsatz 40,0 % (aufgerundet)		184
Altersentlastungsbetrag		**184**

Ehepartner Tausendsassa - Steuer-Nr.: 060/081/54711	**Seite 1**
IdNr. Horst: 47 110 815 987	Außergewöhnliche Belastungen
IdNr. Irene: 48 112 932 181	
Einkommensteuererklärung 2021	

Achtung: Nur für Ihre Unterlagen! Nicht an das Finanzamt abgeben.

Außergewöhnliche Belastungen 2021

		Aufwendungen	Erstattungen	
	Außergewöhnliche Belastungen mit zumutbarer Belastung			
	Krankheitskosten	4.335	0	
	Zwischensumme	**4.335**	**0**	**4.335**
1	Zumutbare Belastung			1.463
2	**Überbelastungsbetrag**			**2.872**
	Insgesamt			**2.872**

Ehepartner Tausendsassa - Steuer-Nr.: 060/081/54711 **Seite 1**
IdNr. Horst: 47 110 815 987 Steuerermäßigung nach § 35a EStG (Haushaltsnahe Leistungen)
IdNr. Irene: 48 112 932 181
Einkommensteuererklärung 2021

Achtung: Nur für Ihre Unterlagen! Nicht an das Finanzamt abgeben.

4

Berechnung der Steuerermäßigung nach § 35a EStG		
Steuerermäßigung nach § 35a Abs. 1 EStG (geringfügige Beschäftigungen)		
Insgesamt zu berücksichtigende Aufwendungen	2.340,—	
Anzusetzende Steuerermäßigung 20 % von 2.340,— €		**468,—**
Steuerermäßigung nach § 35a Abs. 2 EStG		
Insgesamt zu berücksichtigende Aufwendungen	3.790,—	
Anzusetzende Steuerermäßigung 20 % von 3.790,— €		**758,—**
Steuerermäßigung nach § 35a Abs. 3 EStG (Handwerkerleistungen)		
Insgesamt zu berücksichtigende Aufwendungen	1.600,—	
Anzusetzende Steuerermäßigung 20 % von 1.600,— €		**320,—**
Steuerermäßigung insgesamt		**1.546,—**

Ehepartner Tausendsassa - Steuer-Nr.: 060/081/54711
IdNr. Horst: 47 110 815 987
IdNr. Irene: 48 112 932 181
Einkommensteuererklärung 2021

Seite 1
Vergleich zwischen den Veranlagungsarten

Vergleich zwischen den Veranlagungsarten

Achtung: Nur für Ihre Unterlagen! Nicht an das Finanzamt abgeben.

Es ist die Zusammenveranlagung ausgewählt. Dieses ist auch die günstigste Wahl für Sie.

Zusammenveranlagung - Erstattung insgesamt:	2.501,40
Einzelveranlagung mit Antrag auf hälftige Verteilung - Nachzahlung insgesamt:	753,34
Einzelveranlagung ohne Antrag auf hälftige Verteilung - Erstattung insgesamt:	347,56

Die Vergleichsberechnung bezieht sich ausschließlich auf diesen Veranlagungszeitraum und kann nur dann richtig erfolgen, wenn sämtliche Eingaben, insbesondere die Sonderausgaben, für beide Ehepartner richtig zugeordnet worden sind. Beachten Sie bitte, dass bei einer Nachzahlung von über 400 € das Finanzamt eine Steuervorauszahlung festsetzen kann. Näheres dazu entnehmen Sie bitte der Aufstellung "Vorauszahlungen nach § 37 EStG".

Erstattungen	**Einzelveranlagung von Ehepartnern mit Antrag**			**Zusammenveranlagung**	**Differenz**
Nachzahlungen	Horst	Irene	Summe		
Einkommensteuer	817,00	0,00	817,00	2.169,00	2.986,00
Kirchensteuer	73,62	0,00	73,62	195,12	268,74
Solidaritätszuschlag	137,28	0,00	137,28	137,28	0,00
Insgesamt	753,34	**0,00**	753,34	**2.501,40**	**3.254,74**

Erstattungen	**Einzelveranlagung von Ehepartnern ohne Antrag**			**Zusammenveranlagung**	**Differenz**
Nachzahlungen	Horst	Irene	Summe		
Einkommensteuer	193,00	0,00	193,00	2.169,00	1.976,00
Kirchensteuer	17,28	0,00	17,28	195,12	177,84
Solidaritätszuschlag	137,28	0,00	137,28	137,28	0,00
Insgesamt	**347,56**	**0,00**	**347,56**	**2.501,40**	**2.153,84**

4

4

Ehepartner Tausendsassa - Steuer-Nr.: 060/081/54711
IdNr. Horst: 47 110 815 987
IdNr. Irene: 48 112 932 181
Einkommensteuererklärung 2021

Seite 1
Steuerkurzberechnung

Achtung: Nur für Ihre Unterlagen! Nicht an das Finanzamt abgeben.

Berechnung 2021 für Einkommensteuer, Kirchensteuer und Solidaritätszuschlag

Aktuelle Veranlagungswahl: Zusammenveranlagung

Festsetzung	**Einkommen-steuer €**	**Kirchensteuer €**	**Solidaritäts-zuschlag €**
Festgesetzt werden	328,00	29,52	0,00
ab Steuerabzug vom Arbeitslohn			
Horst	2.496,96	224,64	137,28
Irene	0,00	0,00	0,00
Summe (aufgerundet bei Einkommensteuer)	2.497,00	224,64	137,28
Verbleibende Beträge	-2.169,00	-195,12	-137,28
Abrechnung			
Abzurechnen sind	-2.169,00	-195,12	-137,28
bereits gezahlt (Vorauszahlungen)	0,00	0,00	0,00
Unterschiedsbetrag	-2.169,00	-195,12	-137,28
Ausgleich durch Verrechnung	0,00	0,00	0,00
demnach zu viel entrichtet	2.169,00	195,12	137,28
Erstattungsbetrag:	**2.501,40**		

Steuerkurzberechnung für das Jahr 2021

Wahl der Veranlagung: Zusammenveranlagung

	Horst Euro	**Irene Euro**
Einkünfte aus Gewerbebetrieb		
Laufende Gewinne	6.309	
Einkünfte	**6.309**	**0**
Einkünfte aus nichtselbständiger Arbeit		
Bruttoarbeitslohn	24.278	
ab Versorgungsfreibetrag	3.000	
ab Zuschlag zum Versorgungsfreibetrag	900	
ab Werbungskosten-Pauschbetrag Versorgungsbezug	102	
Einkünfte	**20.276**	**0**
Einkünfte aus Vermietung und Verpachtung		
aus bebauten Grundstücken		
Fliederstraße 29	457	458
Einkünfte	**457**	**458**
Sonstige Einkünfte		
Leibrenten und Leistungen		
Steuerpflichtiger Teil der 1. Rente	2.905	4.222
Summe der zu besteuernden Renten	2.905	4.222
ab Werbungskosten-Pauschbetrag	102	102
Einkünfte	**2.803**	**4.120**
Summe der Einkünfte	**29.845**	**4.578**
ab Altersentlastungsbetrag	1.900	184
Gesamtbetrag der Einkünfte	**27.945**	**4.394**
Gesamtbetrag der Einkünfte insgesamt		**32.339**
ab beschränkt abziehbare Sonderausgaben		
Summe der abziehbaren Vorsorgeaufwendungen		0

Soweit im Einzelnen nicht anders vermerkt, Betragsangaben in Euro.

Ehepartner Tausendsassa - Steuer-Nr.: 060/081/54711 **Seite 2**
IdNr. Horst: 47 110 815 987 Steuerkurzberechnung
IdNr. Irene: 48 112 932 181
Einkommensteuererklärung 2021

ab unbeschränkt abziehbare Sonderausgaben		
gezahlte Kirchensteuer	247	
erstattete Kirchensteuer	203	
Summe der unbeschränkt abziehbaren Sonderausgaben	44	
mindestens jedoch Sonderausgaben-Pauschbetrag		72
ab Außergewöhnliche Belastungen		
Aufwendungen nach § 33 EStG	4.335	
ab zumutbare Belastung	1.463	
abziehbar nach § 33 EStG (Überbelastungsbetrag)		2.872
Einkommen / zu versteuerndes Einkommen		**29.395**

5.

Einkünfte aus Renten

Grundsätze

Mit der Einführung des Alterseinkünftegesetzes zum 01.01.2005 folgte der Gesetzgeber der Aufforderung des Bundesverfassungsgerichts, die mit Urteil vom 06.02.2002 festgestellte Ungleichbehandlung bei der Besteuerung von Renten und Beamtenpensionen zu beseitigen. Folge war die Einführung einer neuen Besteuerungssystematik für die Renteneinkünfte. Diese besteht darin, dass im Rahmen einer bis zum Jahr 2040 schrittweisen Umstellung künftig alle Alterseinkünfte einer einheitlichen nachgelagerten Besteuerung unterliegen. Dem-

nach bleiben die während der Erwerbsphase getätigten Aufwendungen zum Erwerb von Altersversorgungsansprüchen künftig grundsätzlich steuerlich unbelastet. Die Erträge in der Auszahlungsphase werden demgegenüber unbeschränkt besteuert. Wie die Steuerfreistellung der Aufwendungen während der Erwerbsphase erfolgt, entnehmen Sie bitte dem Kapitel 12 Abschnitt „Vorsorgeaufwendungen“.

Wer ist betroffen?

Betroffen sind alle Renten aus:

- der gesetzlichen Rentenversicherung, wozu neben den Altersrenten auch die Renten wegen verminderter Erwerbsfähigkeit und die Renten wegen Todes (Witwen-/Witwerrenten, aber auch Erziehungsrenten) zählen
- der landwirtschaftlichen Alterskasse
- den berufsständischen Versorgungswerken (z. B. für Ärzte und Zahnärzte, Apotheker, Architekten, Rechtsanwälte, Steuerberater, Wirtschaftsprüfer)
- bestimmten privaten Leibrentenversicherungen, die sogenannte Rürup-Rente

Der Einstieg in die neue Rentenbesteuerung wird nicht in einem Schritt vollzogen. Vielmehr wurde zur Vermeidung einer Doppelbelastung eine Übergangsfrist bis zum Jahr 2040 eingeführt. Während dieser Phase steigt der steuerpflichtige Anteil an den Renteneinkommen schrittweise von 50 Prozent im Jahr 2005 auf 100 Prozent im Jahr 2040. Das bedeutet, dass ein Rentner, der im Jahr 2005 bereits im Ruhestand ist, 50 Prozent seiner Renten versteuern muss. Darüber hinaus wird der sich daraus für das Jahr 2005 ergebende 50-prozentige Freibetrag als „lebenslanger Freibetrag" festgeschrieben. Etwaige Rentensteigerungen werden somit voll steuerpflichtig.

Um die vom Verfassungsgericht festgestellte Doppelbesteuerung zu vermeiden, will die Bundesregierung die Rentenbesteuerung neu regeln.

Ab 01.01.2023 sind nun 100 Prozent der Rentenbeiträge als Sonderausgaben abziehbar. Geplant, aber bei Redaktionsschluss noch nicht beschlossen, ist, den steuerpflichtigen Anteil langsamer steigen zu lassen. Und zwar in Schritten von 0,5 Prozentpunkten pro Jahr und nicht wie bisher um einen Prozentpunkt. Die volle Rente wäre dann erst bei Rentenbeginn 2060 und nicht schon bei Rentenbeginn 2040 zu versteuern.

Beispiel:

Der ledige Herr Schön ist seit 2003 im Ruhestand und bezieht 2005 eine jährliche Bruttorente in Höhe von 12.000 EUR. Ansonsten hat er keine Einkünfte. Von der Rente aus 2005 werden 50 %, das heißt 6.000 EUR, als lebenslanger Rentenfreibetrag festgeschrieben. 2022 bezieht er eine jährliche Bruttorente in Höhe von 13.000 EUR. Somit beträgt der steuerpflichtige Anteil der Rente:

13.000 EUR ./. 6.000 EUR = 7.000 EUR

Da Herr Schön mit seinen Einkünften unter dem Grundfreibetrag von 10.344 EUR liegt, braucht er auch für 2022 keine Steuern zu zahlen.

Beträgt die jährliche Bruttorente in späteren Jahren zum Beispiel 20.000 EUR, sind 14.000 EUR (20.000 EUR ./. 6.000 EUR) steuerpflichtig. Da dieser Betrag über dem Grundfreibetrag liegt, muss Herr Schön in diesem Fall Steuern zahlen.

Wie das Beispiel zeigt, erreichen Sie unter Umständen erst im Laufe der Zeit den Bereich, in dem Sie Steuern zahlen müssen. Die Grenze ist dann überschritten, wenn der steuerpflichtige Teil aufgrund von Rentenerhöhungen steigt und irgendwann höher wird als die zusätzlich zum festgeschriebenen Rentenfreibetrag zustehenden Freibeträge.

Wie sich die Prozentsätze zur Berechnung des Rentenfreibetrags bis zum Jahr 2040 entwickeln, zeigt die nachfolgende Übersicht:

Jahr des Rentenbeginns	Besteuerungsanteil in %	Jahr des Rentenbeginns	Besteuerungsanteil in %
bis 2005	50	2023	83
ab 2006	52	2024	84
2007	54	2025	85
2008	56	2026	86
2009	58	2027	87
2010	60	2028	88
2011	62	2029	89
2012	64	2030	90
2013	66	2031	91
2014	68	2032	92
2015	70	2033	93
2016	72	2034	94
2017	74	2035	95
2018	76	2036	96
2019	78	2037	97
2020	80	2038	98
2021	81	2039	99
2022	**82**	2040	100

5

Bei den Steuerzahlern, die im Laufe des Jahres 2022 in Rente gehen, sind 82 Prozent der 2022 bezogenen Rente steuerpflichtig. Der festzuschreibende Rentenfreibetrag für die Jahre nach dem Erstbezug der Rente errechnet sich aus der vollen Jahressumme der im Folgejahr des Rentenbeginns bezogenen Bruttorente, also 2023.

Beispiel:

Frau Schmidt wird zum 01.09.2022 Rentnerin und bezieht 2022 eine Bruttorente für 4 Monate in Höhe von 4.000 EUR. Von der Rente sind 18 %, das heißt 720 EUR, 2022 steuerfrei. Der steuerpflichtige Teil wird mit

den bis zum 30.08.2022 bezogenen Einkünften aus nichtselbstständiger Arbeit versteuert.
2022 bezieht sie eine jährliche Bruttorente in Höhe von 13.000 EUR. Der lebenslang zustehende Rentenfreibetrag für Frau Schmidt beträgt somit 1.800 EUR (18 % von 13.000 EUR).

Da für den Prozentsatz des steuerpflichtigen (und somit auch des steuerfreien) Teils der Rente der Zeitpunkt maßgebend ist, ab dem die Rente tatsächlich bewilligt wird, kann ein frühzeitiger Antrag sinnvoll sein. Wird beispielsweise ein Rentenantrag nicht gestellt, weil der Antragsteller davon ausgeht, dass die Rente durch Anrechnungen auf 0 Euro gekürzt wird, kann das nachteilig sein. Er verzichtet dadurch unter Umständen auf eine günstigere Besteuerung in den Folgejahren. Stellt er den Antrag erst, wenn mit einem Auszahlungsbetrag gerechnet werden kann, ist es zu spät für den vollen Freibetrag.

5

Beispiel:

Herr Wohl hätte im Jahr 2018 aufgrund des erreichten Alters einen Antrag auf Rente stellen können. Da er weiß, dass er aufgrund von Anrechnungen keine Auszahlungen zu erwarten hat, stellt er den Antrag erst 2022, da er dann Auszahlungen erhält.
Für die Besteuerung ist dann der Rentenfreibetrag in Höhe von 18 % maßgebend. Hätte er den Antrag bereits so gestellt, dass ihm die Rente dem Grunde nach ab 2010 mit der Höhe nach 0 EUR zugestanden hätte, würde der Freibetrag auch bei späterem Auszahlungsbeginn 24 % betragen.

Praxis-Tipp:

Beantragen Sie Ihre Rente immer mit Erreichen der Rentenaltersgrenze – auch dann, wenn Sie zu diesem Zeitpunkt noch keine Rente ausgezahlt bekommen. Nur so sichern Sie den prozentual höheren Rentenfreibetrag.

Besteuerung von Rentennachzahlungen

Die Besteuerung von Rentennachzahlungen (z. B. infolge einer Rentenfalschberechnung) richtet sich ausschließlich nach dem Zeitpunkt des Zuflusses. Das bedeutet, dass auch Rentennachzahlungen, die nach dem 31.12.2004 für einen Zeitraum vor 01.01.2005 gezahlt wurden, mit dem jeweiligen Besteuerungsanteil zu versteuern sind. Dies gilt unabhängig davon, ob die Nachzahlungen für einen Zeitraum vor 2005 erfolgen oder nicht.

Beispiel:

Herr Wehe bezieht mit Vollendung des 65. Lebensjahres seit Mai 2016 eine Altersrente aus der gesetzlichen Rentenversicherung in Höhe von brutto 1.000 EUR monatlich. Im Jahr 2022 wird die Rente rückwirkend neu berechnet, da sich Herr Wehe gegen eine offensichtliche Falschberechnung gewehrt hat und Recht bekam. Herr Wehe erhält im Juli 2022 einen Nachzahlungsbetrag in Höhe von 7.800 EUR sowie Nachzahlungszinsen in Höhe von 400 EUR. Seit August 2022 beträgt die Bruttorente 1.200 EUR. Unabhängig davon, dass ein Teil der Nachzahlung auf das Vorjahr entfällt, sind die Einnahmen insgesamt im Jahr 2022 zu versteuern. Das Gleiche gilt für die Nachzahlungszinsen, da es sich hier um Leistungen der gesetzlichen Rentenversicherung handelt.

Die Nachzahlungen führen zu einer Erhöhung des Jahresbetrags der Rente und demzufolge zu einer Neuberechnung des Rentenfreibetrags.

Da der Rentenbeginn im Jahr 2016 liegt, beträgt der Freibetrag 28 %, sodass 5.616 EUR der Rentennachzahlung und der Zinsen steuerpflichtig sind. Gleichzeitig kommt die Steuerermäßigung nach § 34 EStG, die sogenannte „Fünftelregelung“, automatisch zur Anwendung.

Wichtig: Im vorgenannten Fall muss der Rentenfreibetrag in Höhe von 28 Prozent ebenfalls neu ermittelt werden, da die rechtmäßig zustehende Bruttorente 1.200 EUR bzw. jährlich 14.400 EUR beträgt. Daraus ergibt sich ein Freibetrag von 28 % × 14.400 EUR = 4.032 EUR.

Wie werden Folgerenten besteuert?

Unter Folgerenten sind all diejenigen Renten zu verstehen, die auf Basis der gleichen Beiträge gezahlt werden wie die vorangegangene Rente. Beispiele hierfür sind:

- Hinterbliebenenrenten, wenn der Verstorbene bereits Rentenempfänger war
- eine auf eine Erwerbsminderungsrente folgende Altersrente
- eine große Witwenrente, welche auf eine kleine Witwenrente folgt
- eine Rente wegen vollständiger Erwerbsminderung, die auf eine Rente wegen teilweiser Erwerbsminderung folgt oder umgekehrt

Gemäß des Einkommensteuergesetzes wird für die Berechnung des steuerpflichtigen Prozentsatzes bei Folgerenten die Laufzeit der bisherigen Rente vom Laufzeitbeginn der Folgerente abgezogen, maximal bis auf das Jahr 2005.

Beispiel:

Herr Klaus bezieht seit 2004 eine Altersrente. Da er somit im Jahr 2005 bereits Rentner war, steht ihm sein Rentenfreibetrag von 50 % der Bruttorente 2005 zu. Als Herr Klaus im Frühjahr 2010 verstirbt, erhält seine Frau eine Witwenrente. Der steuerpflichtige Anteil der Witwenrente beträgt nun ebenfalls 50 % (2010 ./. 5 Jahre Laufzeit = 2005).

Im Ergebnis ist damit in den allermeisten Fällen das Jahr des Rentenbeginns der bisherigen Rente maßgebend, da die Folgerente meist nahtlos an die vorangegangene Rente anschließt. Nur in einigen Ausnahmefällen kann es hierbei zu Abweichungen kommen.

Beispiel:

Herr Zuck bezieht von 2005 bis 2008 eine Erwerbsminderungsrente, die Rentenlaufzeit beträgt insgesamt 3 Jahre. Der Rentenfreibetrag hierfür beträgt somit 50 %. Ab dem Jahr 2010 erhält Herr Zuck eine Altersrente. Da beide Renten auf Basis der gleichen Beiträge gezahlt werden, beträgt der steuerpflichtige Anteil 54 % (Beginn der Folgerente 2010 ./. 3 Jahre = 2007).

Rentenanpassungen

Da sich der Prozentsatz des Rentenfreibetrags nach dem Jahr des Rentenbeginns richtet und der absolute Freibetrag festgeschrieben wird, führen gesetzliche Erhöhungen nicht zu einer Erhöhung des Freibetrags. Damit das Finanzamt dies erkennen kann, muss der Anpassungsbetrag in Zeile 6 der Anlage R eingetragen werden (vgl. Musterfall). Das nachfolgende Beispiel (Rentenbeginn vor 2005) verdeutlicht die Berechnung:

Beispiel:

Rente aus der gesetzlichen	6 × 333,86 EUR = 2.003,16 EUR
Rentenversicherung	6 × 335,65 EUR = 2.013,90 EUR
Renteneinnahmen	4.017,06 EUR
Abzüglich Rentenanpassung (6 × 1,79 EUR)	10,00 EUR
Verbleiben	4.007,00 EUR
× Besteuerungsanteil 50 % =	2.003,00 EUR
+ Rentenanpassungsbetrag	10,00 EUR
Steuerpflichtiger Teil der Rente	2.013,00 EUR

Wie werden die sonstigen Renten besteuert?

Unter sonstigen Renten sind all diejenigen zu verstehen, die nicht gezahlt werden aus:

- der gesetzlichen Rentenversicherung
- der landwirtschaftlichen Alterskasse
- den berufsständischen Versorgungswerken
- bestimmten privaten Leibrentenversicherungen

Hierunter fallen vor allem private Leibrentenversicherungen, welche die Bedingungen der sogenannten Rürup-Rente nicht erfüllen (Bedingungen für Rürup-Rente: kapitalgedeckte Vorsorge, keine Einmalzahlung, sondern lebenslange monatliche Auszahlungen, Auszahlung frühestens ab Vollendung des 60. Lebensjahres, bei ab 2012 geschlossenen Verträgen ab Vollendung des 62. Lebensjahres, Ansprüche dürfen nicht vererbbar, nicht beleihbar, nicht übertragbar und nicht veräußerbar sein).

Ein typischer Fall einer sonstigen Rente ist eine private Leibrentenversicherung auf Basis eines Lebensversicherungsvertrags, bei der ein Kapitalwahlrecht besteht. Der Versicherte hat also das Recht zu wählen, ob er einen Einmalbetrag ausgezahlt haben möchte oder aber eine lebenslange oder je nach Vertragsgestaltung zeitlich befristete Rente erhält. Da die gezahlten Beiträge in der Erwerbsphase nicht steuerfrei gestellt sind, erfolgt bei Auszahlung des Vertrags als Rente die Besteuerung mit dem sogenannten Ertragsanteil. Die Höhe des Ertragsanteils ist der nachfolgenden Tabelle zu entnehmen: 5

Bei Beginn der Rente vollendetes Lebensjahr des Rentenberechtigten	Ertragsanteil in %	Bei Beginn der Rente vollendetes Lebensjahr des Rentenberechtigten	Ertragsanteil in %
0 bis 1	59	51 bis 52	29
2 bis 3	58	53	28
4 bis 5	57	54	27
6 bis 8	56	55 bis 56	26
9 bis 10	55	57	25
11 bis 12	54	58	24
13 bis 14	53	59	23
15 bis 16	52	60 bis 61	22
17 bis 18	51	62	21
19 bis 20	50	63	20
21 bis 22	49	64	19
23 bis 24	48	65 bis 66	18
25 bis 26	47	67	17
27	46	68	16
28 bis 29	45	69 bis 70	15
30 bis 31	44	71	14

Bei Beginn der Rente vollendetes Lebensjahr des Rentenberechtigten	**Ertragsanteil in %**	**Bei Beginn der Rente vollendetes Lebensjahr des Rentenberechtigten**	**Ertragsanteil in %**
32	43	72 bis 73	13
33 bis 34	42	74	12
35	41	75	11
36 bis 37	40	76 bis 77	10
38	39	78 bis 79	9
39 bis 40	38	80	8
41	37	81 bis 82	7
42	36	83 bis 84	6
43 bis 44	35	85 bis 87	5
45	34	88 bis 91	4
46 bis 47	33	92 bis 93	3
48	32	94 bis 96	2
49	31	ab 97	1
50	30		

5

Beispiel:

Herr Röll bezieht seit Vollendung seines 65. Lebensjahres neben seiner gesetzlichen Rente eine lebenslange monatliche Rente in Höhe von 500 EUR, die von einer privaten Lebensversicherungsgesellschaft gezahlt wird. Da die private Rentenversicherung bereits vor 30 Jahren abgeschlossen wurde, erfüllt sie nicht die Bedingungen der sogenannten Rürup-Rente.

Während sich die Besteuerung der gesetzlichen Rente für Herrn Röll nach den oben dargestellten Grundsätzen der Neuregelung seit 2005 errechnet, wird die private Rente mit dem Ertragsanteil besteuert. Da Herr Röll bei Beginn der Rentenzahlungen das 65. Lebensjahr vollendet hat, beträgt der Ertragsanteil 18 %. Bei einer Jahresrente von

12 × 500 EUR = 6.000 EUR sind hiervon somit 18 % = 1.080 EUR zu versteuern.

Die Besteuerung nach dem Ertragsanteil gilt auf Antrag auch für den Teil einer Rente und andere Leistungen, soweit diese auf bis zum 31.12.2004 geleisteten Beiträgen beruhen, welche oberhalb des Betrags des Höchstbeitrags zur gesetzlichen Rentenversicherung gezahlt wurden. In diesem Fall müssen Sie nachweisen, dass der Betrag des Höchstbeitrags mindestens zehn Jahre überschritten wurde. Während der Anteil an der Rente, der auf den Beiträgen oberhalb des Höchstbetrags beruht, nach dem Ertragsanteil besteuert wird, unterliegt der verbleibende Anteil nach den Grundsätzen der Neuregelung der Besteuerung. In der Regel dürfte das nur für Leistungen aus berufsständischen Versorgungseinrichtungen gelten.

Wohnsitz im Ausland

Eine Vielzahl von Rentenempfängern lebt im Ausland und ist somit in Deutschland nicht mehr unbeschränkt steuerpflichtig.

Nach bisherigem Recht waren die Renten, wenn in Deutschland weder ein Wohnsitz noch ein gewöhnlicher Aufenthalt von mehr als 183 Tagen pro Jahr bestand, nicht mehr steuerpflichtig. Um durch die geänderte Rechtslage die nachgelagerte Besteuerung auch in diesen Fällen zu ermöglichen, löst der Rentenbezug die beschränkte Steuerpflicht aus. Demnach sind die Renten dann in Deutschland steuerpflichtig, wenn mit dem Wohnsitzstaat entweder kein Doppelbesteuerungsabkommen (DBA) besteht oder aber das DBA das Besteuerungsrecht Deutschland zuweist. Wer das Rentnerdasein im Ausland genießt, sollte prüfen, ob ein Doppelbesteuerungsabkommen vorhanden ist und falls ja, wem das Besteuerungsrecht zusteht.

Zuständig für die Auslandsrentenbesteuerung ist seit 01.01.2009 das Finanzamt Neubrandenburg.

Was Sie als Rentner noch wissen sollten

Damit die Besteuerung der Renten sichergestellt ist, wurde ein Meldeverfahren eingerichtet. Demnach sind all diejenigen Stellen, welche für die Auszahlung der Altersbezüge verantwortlich sind, verpflichtet, Rentenbezugsmitteilungen bis zum 01.03. eines Jahres mit folgenden Daten bezüglich der im Vorjahr zugeflossenen Renten zu übermitteln:

- Identifikationsnummer, Familienname, Vorname, Geburtsdatum und Geburtsort
- Betrag der Rente und andere Leistungen
- Zeitpunkt und Ende des jeweiligen Leistungsbezugs
- Laufzeit einer vorangegangenen Rente bei Folgerenten
- Bezeichnung und Anschrift des Meldepflichtigen

Der Rentenempfänger wird darüber unterrichtet, dass die Rentenbezugsmitteilung übermittelt wurde. Dies kann zum Beispiel im Rentenbescheid, in einer Anpassungsmitteilung oder auch gesondert erfolgen. Erst ab dem Zeitpunkt, ab dem die Finanzämter Kenntnis über die Rentenbezüge erhalten, ergehen Aufforderungen zur Abgabe von Einkommensteuererklärungen.

Das Finanzamt kann aus den eingegangenen Rentenbezugsmitteilungen erkennen, ob aufgrund der Rentenhöhe schon vor 2005 eine Veranlagungspflicht bestanden hat. Sollten Sie also verpflichtet gewesen sein, eine Einkommensteuererklärung abzugeben, haben dies aber nicht getan, besteht die Möglichkeit, dass ein Verfahren wegen Steuerhinterziehung oder leichtfertiger Steuerverkürzung anhängig werden könnte. Dies kann vor allem dann passieren, wenn noch andere Einkünfte vorliegen. In diesem Fall sollten Sie prüfen, ob dies für Sie von Bedeutung sein kann, und eventuell von der strafbefreienden Selbstanzeige Gebrauch machen. Lesen Sie hierzu auch den Abschnitt „Steuerhinterziehung“ in Kapitel 14.

6.

Einkünfte aus nichtselbstständiger Arbeit und Versorgungsbezügen

Grundsätze

Nicht nur pensionierte Beamte, sondern auch ehemalige Arbeitnehmer bekommen in manchen Fällen sogenannte Versorgungsbezüge. Diese zählen zu den Einkünften aus nichtselbstständiger Arbeit. Folgendes Kapitel ist also für Sie interessant, wenn Sie Empfänger von Versorgungsbezügen sind oder wenn Sie neben Ihrer Rente Einkünfte aus nichtselbstständiger Arbeit haben.

Ausgangspunkt für die Ermittlung der Einkünfte aus nichtselbstständiger Arbeit und damit auch der Einkünfte aus Versorgungsbezügen ist der Bruttolohn eines Kalenderjahres. Diesen Betrag entnehmen Sie Ihrer Lohnsteuerbescheinigung, die Sie von der Besoldungsstelle zu Beginn eines Jahres für das vorangegangene Jahr erhalten haben.

Sollten Sie erst im Laufe des betreffenden Kalenderjahres pensioniert worden sein, so enthält die bescheinigte Bruttolohnsumme laufende Dienst- und Versorgungsbezüge. Die in der Bruttolohnsumme enthaltenen Versorgungsbezüge werden jedoch auf der Lohnsteuerbescheinigung nochmals gesondert ausgewiesen, was für die Berechnung des Versorgungsfreibetrags wichtig ist. Außerdem bescheinigt das Finanzamt auf Antrag die Bemessungsgrundlage für den Versorgungsfreibetrag.

Wichtig: Können bei Arbeitnehmern keine höheren Werbungskosten als der Pauschbetrag in Höhe von 1.200 Euro nachgewiesen werden, ergeben sich die Einkünfte aus nichtselbstständiger Arbeit auf der Berechnung Bruttolohn ./. 1.200 Euro. Bei Empfängern von Versorgungsbezügen ist als Besonderheit zur Ermittlung der Einkünfte aus nichtselbstständiger Arbeit der Versorgungsfreibetrag (vgl. nachfolgend) sowie der geminderte Werbungskostenpauschbetrag (vgl. Abschnitt „Werbungskosten“) in Höhe von 102 Euro zu berücksichtigen.

Versorgungsfreibetrag

Die Versorgungsbezüge müssen nicht komplett versteuert werden. Es wird ein prozentualer Anteil abgezogen, der steuerfrei bleibt. Für diesen Anteil, den sogenannten Versorgungsfreibetrag, gibt es einen Höchstbetrag.

Für Versorgungsbezüge, die bis einschließlich 2005 erstmals gezahlt wurden, beträgt der Versorgungsfreibetrag 40 Prozent der Versorgungsbezüge, höchstens 3.000 Euro. Daneben wird ein Zuschlag zum Versorgungsfreibetrag in Höhe von 900 Euro gewährt.

Bemessungsgrundlage für den Versorgungsfreibetrag ist

- bei Versorgungsbeginn vor 2005 das Zwölffache des Versorgungsbezugs für Januar 2005
- bei Versorgungsbeginn ab 2005 das Zwölffache des Versorgungsbezugs für den ersten vollen Monat

jeweils zuzüglich voraussichtlicher Sonderzahlungen im Kalenderjahr, auf die zu diesem Zeitpunkt ein Rentenanspruch besteht. Die Bemessungsgrundlage für einen Versorgungsbeginn im Oktober 2022 ist somit das Zwölffache der Versorgungsbezüge aus dem November 2022.

Beispiel:

Der im Jahr 2004 pensionierte Beamte Erhard Fleißig bezog 2013 Versorgungsbezüge in Höhe von 24.500 EUR jährlich. Im Januar 2005 betrug der Versorgungsbezug 25.200 EUR jährlich. Der Versorgungsfreibetrag betrug somit 40 % × 25.200 EUR (= 12 × 2.100 EUR) = 10.080 EUR, maximal jedoch 3.000 EUR zuzüglich eines Zuschlags in Höhe von 900 EUR. Die Einkünfte aus nichtselbstständiger Arbeit betrugen daher:
24.500 EUR ./. 3.000 EUR ./. 900 EUR ./. 102 EUR (Werbungskostenpauschbetrag) = 20.498 EUR

Versorgungsfreibetrag sowie Zuschlag werden ebenfalls bis zum Jahr 2040 sukzessive auf Null abgeschmolzen. Je später der Versorgungsbezug beginnt, desto niedriger ist der Versorgungsfreibetrag und desto höher ist das zu versteuernde Einkommen.

Die nachfolgende Tabelle zeigt auf, wie sich die Beträge entwickeln:

Versorgungsfreibetrag			Zuschlag zum Versorgungsfreibetrag in EUR
Jahr des Versorgungsbeginns	**in % der Versorgungsbezüge**	**Höchstbetrag in EUR**	
bis 2005	40,0	3.000	900
ab 2006	38,4	2.880	864
2007	36,8	2.760	828
2008	35,2	2.640	792
2009	33,6	2.520	756
2010	32,0	2.400	720
2011	30,4	2.280	684
2012	28,8	2.160	648
2013	27,2	2.040	612
2014	25,6	1.920	576
2015	24,0	1.800	540
2016	22,4	1.680	504
2017	20,8	1.560	468
2018	19,2	1.440	432
2019	17,6	1.320	396
2020	16,0	1.200	360
2021	15,2	1.140	342
2022	14,4	1.080	324
2023	13,6	1.020	306
2024	12,8	960	288
2025	12,0	900	270
2026	11,2	840	252
2027	10,4	780	234
2028	9,6	720	216
2029	8,8	660	198
2030	8,0	600	180
2031	7,2	540	162

Versorgungsfreibetrag			Zuschlag zum Versorgungsfreibetrag in EUR
Jahr des Versorgungsbeginns	**in % der Versorgungsbezüge**	**Höchstbetrag in EUR**	
2032	6,4	480	144
2033	5,6	420	126
2034	4,8	360	108
2035	4,0	300	90
2036	3,2	240	72
2037	2,4	180	54
2038	1,6	120	36
2039	0,8	60	18
2040	0,0	0	0

Der Versorgungsfreibetrag richtet sich nach dem Zwölffachen des Bezugs des Monats Januar (Versorgungsbeginn vor 2005) bzw. des Monats des ersten Bezugs (Versorgungsbeginn ab 01.01.2005, s. o.). Das hat wiederum zur Konsequenz, dass bei steigenden Pensionen die Bemessungsgrenze nicht mit ansteigt. Gerade bei kleineren Pensionen, bei denen die Begrenzung nicht greift, fällt somit der Versorgungsfreibetrag etwas niedriger aus.

Liegen mehrere Versorgungsbezüge vor, ist für die Bemessung des insgesamt zu gewährenden Versorgungsfreibetrags der Beginn des ersten Versorgungsbezugs maßgebend.

Beispiel:

Frau Mausch bezieht seit 2016 eine Betriebsrente in Höhe von 2.400 EUR und ab 2022 eine weitere Betriebsrente in Höhe von 9.000 EUR. Die Berechnung erfolgt in einem ersten Schritt getrennt:

1. Betriebsrente mit Beginn 2016:
   22,4 % × 2.400 EUR = 537,60 EUR
2. Betriebsrente mit Beginn 2022:
   14,4 % × 9.000 EUR =

Summe **1.833,60 EUR**

Da für den Höchstbetrag das Bezugsjahr der ersten Betriebsrente gilt, beträgt der Versorgungsfreibetrag im Beispielsfall 1.680 EUR zuzüglich eines Zuschlags in Höhe von 504 EUR.

Bei Hinterbliebenenbezügen, welche einem Versorgungsbezug folgen, ist der Versorgungsbeginn des Verstorbenen maßgeblich. Das gilt auch dann, wenn sich die Hinterbliebenenbezüge nicht nahtlos an den Versorgungsbezug des Verstorbenen anschließen.

Der auf die Dauer des Versorgungsbezugs nach den beschriebenen Regelungen festgeschriebene Versorgungsfreibetrag zuzüglich Zuschlag wird grundsätzlich nicht verändert. Folglich haben regelmäßige Anpassungen der Versorgungsbezüge keine Auswirkungen auf den Freibetrag. Er wird nur dann neu berechnet, wenn sich die Versorgungsbezüge wegen Anwendung von Anrechnungs-, Ruhens-, Erhöhungs- oder Kürzungsregelungen erhöhen oder vermindern. In diesen Fällen ist die Bemessungsgrundlage wie zu Beginn der Versorgung neu zu berechnen.

Beispiel:

Frau Adams bezieht seit 2004 eine Hinterbliebenenversorgung ihres verstorbenen Ehemannes, der Beamter und seit 1992 pensioniert war. Die Hinterbliebenenversorgung beträgt 500 EUR monatlich, ein Anspruch auf Sonderzahlungen besteht nicht. Die Berechnung des Versorgungsfreibetrags für das Jahr 2005 und die folgenden Jahre ergibt:
40 % × 6.000 EUR (= 12 × 500 EUR) = 2.400 EUR zzgl. Zuschlag in Höhe von 900 EUR
Seit Juni 2022 hat sich der Versorgungsbezug auf 700 EUR monatlich erhöht. Die Berechnung des Versorgungsfreibetrags für das Jahr 2022 und die folgenden Jahre ergibt somit:
40 % × 8.400 EUR (= 12 × 700 EUR) = 3.360 EUR, höchstens 3.000 EUR, zzgl. Zuschlag in Höhe von 900 EUR

Werbungskosten

Sind die Werbungskosten bei Einkünften aus nichtselbstständiger Arbeit höher als der Pauschbetrag von 1.200 Euro bzw. bei Versorgungsempfängern höher als der Pauschbetrag von 102 Euro, sind die gesamten Werbungskosten nachzuweisen, nicht nur die, die den Betrag von 1.200 Euro bzw. 102 Euro übersteigen. Den Pauschbetrag erhalten Sie für das volle Jahr, auch wenn Sie die Zeile „Werbungskosten" nicht ausfüllen oder wenn die Rente erst im Laufe des Jahres beginnt.

Definition Werbungskosten:
Das Einkommensteuergesetz definiert Werbungskosten als Aufwendungen zur Erwerbung, Sicherung und Erhaltung der Einnahmen, in Ihrem Fall des Arbeitslohnes oder der Versorgungsbezüge. Werbungskosten liegen folglich dann vor, wenn Ihnen Kosten entstanden sind, die objektiv mit der Erzielung der entsprechenden Einnahmen in Zusammenhang stehen und subjektiv geeignet sind, die Einnahmenerzielung zu fördern. Ob die Aufwendungen tatsächlich den gewünschten Erfolg herbeigeführt haben, ist unerheblich.

Von den Werbungskosten abzugrenzen sind die Kosten der allgemeinen Lebensführung. Diese sind steuerlich unbeachtlich.

Versorgungsempfänger haben nur selten Werbungskosten, die über den Pauschbetrag hinausgehen. Prüfen Sie dennoch anhand der nachfolgenden Aufstellung, ob höhere Werbungskosten angesetzt werden können, zum Beispiel für Fahrten zur Besoldungsstelle zur Klärung von Abrechnungsmodalitäten.

Zu beachten ist, dass die Höhe der Werbungskosten nach oben hin nicht begrenzt ist. Allerdings wird der Abzug versagt, wenn die angesetzten Beträge unangemessen hoch sind. Wann dies der Fall ist, richtet sich nach der „allgemeinen Verkehrsauffassung".

Die für Berufstätige grundsätzlich relevanten Werbungskosten sind die Aufwendungen für:

- Arbeitsmittel
- Arbeitszimmer

- Beiträge zu Berufsverbänden
- Berufliche Auswärtstätigkeiten (vorher Dienstreisen)
- Berufskleidung
- Bewerbungskosten
- Doppelte Haushaltsführung
- Ehrenamt
- Fachliteratur
- Fahrten zwischen Wohnung und Arbeitsstätte
- Kontoführungsgebühr
- Prozesskosten
- Schadensersatz
- Telefonkosten
- Umzugskosten
- Unfallkosten
- Versicherungen

7.

Einkünfte aus einer Nebentätigkeit

Grundsätze

Zahlreiche Ruheständler üben eine nebenberufliche Tätigkeit aus. Diese kann eine nichtselbstständige Tätigkeit als Arbeitnehmer sein, der Steuerpflichtige kann aber auch eine Nebentätigkeit als selbstständig Beschäftigter ausüben. Für die steuerliche Behandlung ist die Unterscheidung von wesentlicher Bedeutung.

Von einer nichtselbstständigen Tätigkeit als Arbeitnehmer ist auszugehen, wenn Sie weisungsgebunden hinsichtlich Ort, Zeit und Inhalt Ihrer Tätigkeit sind, feste Arbeitszeiten haben und in die betriebliche Organisation eingegliedert sind. Weitere Indizien sind überwiegend erfolgsunabhängige Bezüge, Lohnfortzahlung im Krankheitsfall, Anspruch auf Urlaub, Schulden Ihrer Arbeitskraft, nicht eines Arbeitserfolgs und fehlendes Unternehmerrisiko.

Für eine selbstständige Tätigkeit spricht, wenn Sie zeitlich nur kurze Berührung mit dem Betrieb haben, Zeit, Ort und Umfang Ihrer Tätigkeit im Wesentlichen selbst bestimmen können, selbst bezahlte Mitarbeiter angestellt haben, Ihre geschuldete Tätigkeit delegieren können oder ein eigenes Unternehmerrisiko auf sich nehmen.

Die nichtselbstständige Nebentätigkeit

Bei Ausübung einer nichtselbstständigen Nebentätigkeit ist zu unterscheiden, ob es sich um eine geringfügige Beschäftigung mit Lohnsteuerpauschalierung handelt oder um eine Nebentätigkeit, die gemäß der individuellen ELStAM abgerechnet wird.

Geringfügige Beschäftigung

Eine geringfügige Beschäftigung liegt vor, wenn das Arbeitsentgelt aus der Tätigkeit regelmäßig nicht mehr als 450 Euro pro Monat (ab 01.10.2022 nicht mehr als 520 Euro pro Monat) beträgt. In diesem Fall zahlt der Arbeitgeber pauschale Abgaben an die Minijob-Zentrale, welche von der Deutschen Rentenversicherung Knappschaft-Bahn-See getragen wird. Die Pauschale beträgt

- bei einer „normalen" geringfügigen Beschäftigung (z. B. in einem Unternehmen) 30 Prozent. Davon entfallen 15 Prozent auf die ge-

setzliche Rentenversicherung, 13 Prozent auf die gesetzliche Krankenversicherung und 2 Prozent auf die einheitliche Pauschalsteuer, die neben der Lohnsteuer auch den Solidaritätszuschlag und die Kirchensteuer umfasst.
- bei einer geringfügigen Beschäftigung in einem Privathaushalt 12 Prozent. Davon entfallen auf die gesetzliche Rentenversicherung 5 Prozent, auf die gesetzliche Krankenversicherung 5 Prozent und 2 Prozent auf die einheitliche Pauschalsteuer.

> ***Praxis-Tipp:***
>
> *Der Pauschbetrag zur Krankenversicherung entfällt, wenn die geringfügig beschäftigte Person nicht gesetzlich krankenversichert ist.*

Aufgrund der Pauschalbesteuerung ist die Steuer bereits abgegolten. Sie müssen somit beim Arbeitgeber weder Ihre Lohnsteuermerkmale melden noch die Einnahmen in der Einkommensteuererklärung angeben. Die Einnahmen sind für Sie steuerfrei.

> ***Praxis-Tipp:***
>
> *Grundsätzlich werden mehrere geringfügige Beschäftigungen nebeneinander zusammengerechnet. Übersteigt die Summe der Einnahmen 450 Euro pro Monat, entsteht so eine „normale" Steuer- und Sozialversicherungspflicht. Unabhängig davon, wie viele geringfügige Beschäftigungen Sie ausüben, bleibt eine geringfügige Tätigkeit anrechnungsfrei. Sie dürfen also in einem der Beschäftigungsverhältnisse bis zu 450 Euro monatlich steuerfrei hinzuverdienen. Jede weitere geringfügige Beschäftigung ist dann steuer- und sozialversicherungspflichtig.*

Nebentätigkeit mit Lohnsteuerabzug

Wenn Sie eine Nebentätigkeit in nichtselbstständiger Form ausüben und Ihr Arbeitslohn dabei die 450-Euro-Grenze/520-Euro-Grenze überschreitet, werden die Einnahmen von Ihrem Arbeitgeber im Rahmen der Steuerklasse VI abgerechnet.

Die einbehaltene Lohnsteuer wird im Rahmen der Veranlagung zur Einkommensteuer angerechnet. Da bei einer Besteuerung der laufenden Einnahmen nach Steuerklasse VI in der Regel hohe Lohnsteuerbeträge einbehalten werden, führt dies häufig im Folgejahr zu erheblichen Erstattungen. Das hängt unter anderem damit zusammen, dass bei den folgenden Nebentätigkeiten ein Betrag von 3.000 Euro pro Jahr steuerfrei bleibt:

- Übungsleiter, Ausbilder, Erzieher und Betreuer (Trainer, Sport- und Jugendwart, Mannschaftsbetreuer, Skilehrer, Kinderbetreuer, Jugendleiter, Schulweghelfer, Busbegleiter, Ferienbetreuer, Arzt im Behindertensport, Chorleiter, Orchesterdirigent, Vortrags- und Lehrtätigkeiten in der Berufsbildung, Ausbildungstätigkeiten für Vereine und Verbände etc.)
- Pflege alter, kranker oder behinderter Menschen
- Künstler (Kirchenmusiker, Darsteller am Theater, Pianist in Pflegeheimen etc.)

Der Freibetrag wird allerdings nur gewährt, wenn

- es sich entsprechend der vorstehenden Aufzählung um eine begünstigte Tätigkeit im Rahmen der Ausbildung, Erziehung, Betreuung, Kunst oder Pflege handelt,
- die Tätigkeit nebenberuflich ausgeübt wird,
- die Tätigkeit im Dienst oder Auftrag einer öffentlich-rechtlichen oder gemeinnützigen Körperschaft (z. B. Sportverein, Musikverein) ausgeübt wird und
- die Tätigkeit der Förderung gemeinnütziger, mildtätiger oder kirchlicher Zwecke dient.

Der Freibetrag wird auch gewährt, wenn die begünstigte Tätigkeit im Rahmen einer geringfügigen Beschäftigung ausgeübt wird. Dies führt dazu, dass pro Monat 450 Euro + 250 Euro (3.000 Euro/12 Monate) = 700 Euro steuerfrei vereinnahmt werden können.

Sollten die tatsächlichen Werbungskosten, welche mit den begünstigten Einnahmen verbunden sind, höher als der Freibetrag von 3.000 Euro sein, so sind nur die den Freibetrag übersteigenden Werbungskosten zusätzlich absetzbar. Sollte jedoch die Summe der Werbungskosten aus dem Hauptberuf und die den Freibetrag übersteigenden Werbungskosten insgesamt unter dem Arbeitnehmerpauschbetrag von 1.200 Euro bleiben, ist nur der Arbeitnehmerpauschbetrag abzugsfähig.

Betragen die Einkünfte (= Einnahmen ./. Werbungskosten) aus der nebenberuflichen Tätigkeit jährlich weniger als 450 Euro, so ist auch dieser Betrag steuerfrei, sofern keine weiteren Einkünfte aus anderen Einkunftsarten erzielt werden. Eine Erklärungspflicht im Rahmen der Einkommensteuererklärung besteht allerdings dennoch.

Der sogenannte „Ehrenamtsfreibetrag" als weitere Steuerbefreiung steht Ihnen zu, wenn Sie eine ehrenamtliche Tätigkeit für eine öffentlich-rechtliche oder für eine gemeinnützige Körperschaft gegen Entgelt ausüben. In diesen Fällen sind diese Einnahmen bis zur Höhe von 840 Euro pro Jahr steuerfrei.

Die selbstständige Nebentätigkeit

Wird die Nebentätigkeit selbstständig ausgeübt, unterliegt der Gewinn hieraus entweder als Einkünfte aus Gewerbebetrieb oder freiberuflicher Tätigkeit der Einkommensbesteuerung. Eine weitere mögliche Einkunftsart ist diejenige aus Land- und Forstwirtschaft, welche jedoch besonderen Regelungen unterworfen ist und im Rahmen dieses Buches nicht behandelt wird.

Während beispielsweise Tätigkeiten im Handel oder als Versicherungsmakler gewerbliche Tätigkeiten darstellen, werden wissenschaftliche, künstlerische, schriftstellerische, unterrichtende oder erzieherische Tätigkeiten dagegen als freiberufliche Tätigkeiten qualifiziert. Im ersten Fall werden Einkünfte aus Gewerbebetrieb, im zweiten Fall solche aus selbstständiger Arbeit bezogen.

Die Unterscheidung hat bei Ausübung einer selbstständigen Tätigkeit im Rahmen eines Nebenerwerbs normalerweise keine Auswirkungen für Sie. Nur wenn der Umfang der Tätigkeit erheblich wird und die Gewinne eine Höhe jenseits der 20.000 Euro erreichen, kann es aufgrund einer möglichen Gewerbesteuerpflicht zu Unterschieden kommen.

> ***Praxis-Tipp:***
>
> *Die Gewinnermittlungsvorschriften bei den sogenannten „Gewinneinkünften" sind sehr komplex. Im Rahmen dieser Darstellung ist es unmöglich, hierüber*

einen allumfassenden Überblick zu geben. Die Ausführungen sind jedoch sehr gut geeignet, bei selbstständigen Nebentätigkeiten von relativ geringem Umfang zur Erstellung der Gewinnermittlung herangezogen zu werden. Sollte Ihr Unternehmen allerdings wachsen, so ist es sinnvoll, weiterführende Literatur zu studieren und die professionelle Hilfe eines Steuerberaters in Anspruch zu nehmen.

Zur Ermittlung des steuerpflichtigen Gewinns wird eine sogenannte Einnahmenüberschussrechnung erstellt, dabei werden die Einnahmen den Betriebsausgaben nach dem Zufluss-/Abfluss-Prinzip gegenübergestellt. Betriebseinnahmen sind also in dem Veranlagungszeitraum anzusetzen, in dem sie eingegangen sind, Betriebsausgaben müssen in dem Veranlagungszeitraum abgesetzt werden, in dem sie geleistet worden sind. Von Bedeutung ist nur das tatsächliche Zahlungsdatum, nicht
7 das Rechnungsdatum. Betriebsausgaben sind dabei alle betrieblich veranlassten Aufwendungen. Bei den Einkünften aus nichtselbstständiger Arbeit entsprechen die Werbungskosten den Betriebsausgaben, sodass Sie sich dort orientieren können, was abzugsfähig ist und was nicht.

Besteht die selbstständig ausgeübte Nebentätigkeit aus einer begünstigten Übungsleitertätigkeit, ist die Erstellung der Einnahmenüberschussrechnung relativ einfach. In diesem Fall wird von der Summe der Einnahmen der – im Abschnitt „Die nichtselbstständige Nebentätigkeit" beschriebene – Freibetrag in Höhe von 3.000 Euro abgezogen, sofern die tatsächlichen Betriebsausgaben nicht höher sind als der Freibetrag.

Praxis-Tipp:

Um die Einkunftsermittlung bei selbstständig ausgeübten Nebentätigkeiten zu vereinfachen, lässt die Finanzverwaltung für bestimmte Tätigkeiten den Abzug pauschaler Betriebsausgaben zu, ohne dass die tatsächlichen Betriebsausgaben nachgewiesen werden müssen (z. B. bei Hebammen, Tagesmüttern, Schriftstellern oder Journalisten).

Am wichtigsten ist die Betriebsausgaben-Pauschale für wissenschaftliche, künstlerische oder schriftstellerische Nebentätigkeiten. Dazu zählen auch Vortrags- oder nebenberufliche Lehr- und Prüfungstätigkeiten.

Bei diesen Nebentätigkeiten dürfen 25 Prozent der Betriebseinnahmen, höchstens jedoch 614 Euro, jährlich als pauschale Betriebsausgaben abgezogen werden. Der Höchstbetrag von 614 Euro kann für alle begünstigten Nebentätigkeiten zusammen nur einmal gewährt werden. Wenn Sie für Ihre Nebentätigkeit bereits den Freibetrag in Höhe von 3.000 Euro in Anspruch nehmen, ist der pauschale Betriebsausgabenabzug nicht mehr möglich.

In allen anderen Fällen sind die Betriebsausgaben nach Kostenarten aufzuführen und den Einnahmen gegenüberzustellen. Das Ergebnis ist der Gewinn (positiver Betrag) oder der Verlust (negativer Betrag), der in die Anlage G (gewerbliche Tätigkeit) bzw. S (freiberufliche Tätigkeit) einzutragen ist.

Beispielermittlung Werte Anlage EÜR	
Einnahmen	
Einnahmen aus ...	7.800,00 EUR
Betriebsausgaben	
IHK-Beitrag	51,00 EUR
Fahrtkosten (4.500 km × 0,30 EUR)	1.275,00 EUR
Porto	58,00 EUR
Telefonkosten pauschal	240,00 EUR
Bewirtungsaufwendungen (70 %)	87,99 EUR
Bürobedarf	47,50 EUR
Abschreibung PC	412,00 EUR
Gewinn	**5.628,51 EUR**

7

Der Gewinn wird im Rahmen der Ermittlung der Summe der Einkünfte addiert und gemeinsam mit diesen versteuert. Sollte sich ein Verlust ergeben, wird dieser von den anderen Einkünften abgezogen und mindert somit die Steuerlast.

Beachten Sie bitte, dass sämtliche Einnahmen- und Ausgabenbelege zu Nachweiszwecken übersichtlich abgeheftet werden müssen und zehn Jahre aufzubewahren sind.

Bitte beachten Sie auch, dass die Vereinfachungsregelung, nach der Sie unter bestimmten Umständen eine formlose Einnahmenüberschussrechnung erstellen durften, gestrichen wurde. Sie müssen nun zwingend den Vordruck „Anlage EÜR“ elektronisch mit Ihrer Steuererklärung an das Finanzamt übermitteln.

> **Wichtig:** Machen Sie mit Ihrer selbstständigen Nebentätigkeit über Jahre hinweg nur Verluste, besteht die Gefahr, dass diese vom Finanzamt nicht anerkannt werden (sog. Liebhaberei). Hierdurch soll vermieden werden, dass Scheintätigkeiten, deren Verluste steuerlich geltend gemacht werden sollen, die Steuerlast mindern und möglicherweise private Hobbys vom Staat mitfinanziert werden.

Exkurs: Umsatzsteuer

Umsätze aus einer gewerblichen oder freiberuflichen Tätigkeit unterliegen grundsätzlich der Umsatzsteuer. Ausnahmen hiervon gelten beispielsweise für Ärzte oder Versicherungsmakler, da deren Umsätze von der Umsatzsteuer befreit sind. Im Einzelnen sind umsatzsteuerpflichtig:

- Lieferungen und sonstige Leistungen
- Einfuhren aus Ländern außerhalb der EU
- innergemeinschaftliche Erwerbe, also Einfuhren aus EU-Ländern

Bemessungsgrundlage für die Umsatzsteuer ist das „Entgelt“. Es umfasst alles, was ein Leistungsempfänger für den Erhalt der Leistung aufwenden muss, abzüglich der Umsatzsteuer. Das Entgelt ist somit der Betrag, auf welchen die Umsatzsteuer zu rechnen ist.

Der Umsatzsteuersatz beträgt 19 Prozent. Für einige Waren, insbesondere Grundnahrungsmittel oder Bücher, beträgt der Steuersatz 7 Prozent.

Das System der Umsatzsteuer stellt sicher, dass bei gleichem Steuersatz alle Waren und Dienstleistungen beim Endverbraucher in gleicher

Höhe belastet sind. Erreicht wird dies durch den sogenannten Vorsteuerabzug. Er berechtigt einen Unternehmer, von der Umsatzsteuer, die er für getätigte Umsätze schuldet, diejenige Steuer abzuziehen (Vorsteuer), die ihm in Rechnung gestellt wurde. Damit eine Berechtigung zum Abzug von Vorsteuer besteht, stellt der Gesetzgeber an den Inhalt der Rechnungen bestimmte Anforderungen, die in § 14 Abs. 4 UStG geregelt sind.

§ **§ 14 Abs. 4 UStG**

Eine Rechnung muss folgende Angaben enthalten:

1. den vollständigen Namen und die vollständige Anschrift des leistenden Unternehmers und des Leistungsempfängers,
2. die dem leistenden Unternehmer vom Finanzamt erteilte Steuernummer oder die ihm vom Bundeszentralamt für Steuern erteilte Umsatzsteuer-Identifikationsnummer,
3. das Ausstellungsdatum,
4. eine fortlaufende Nummer mit einer oder mehreren Zahlenreihen, die zur Identifizierung der Rechnung vom Rechnungsaussteller einmalig vergeben wird (Rechnungsnummer),
5. die Menge und die Art (handelsübliche Bezeichnung) der gelieferten Gegenstände oder den Umfang und die Art der sonstigen Leistung,
6. den Zeitpunkt der Lieferung oder sonstigen Leistung; in den Fällen des Absatzes 5 Satz 1 den Zeitpunkt der Vereinnahmung des Entgelts oder eines Teils des Entgelts, sofern der Zeitpunkt der Vereinnahmung feststeht und nicht mit dem Ausstellungsdatum der Rechnung übereinstimmt,
7. das nach Steuersätzen und einzelnen Steuerbefreiungen aufgeschlüsselte Entgelt für die Lieferung oder sonstige Leistung (§ 10) sowie jede im Voraus vereinbarte Minderung des Entgelts, sofern sie nicht bereits im Entgelt berücksichtigt ist,
8. den anzuwendenden Steuersatz sowie den auf das Entgelt entfallenden Steuerbetrag oder im Fall einer Steuerbefreiung einen Hinweis darauf, dass für die Lieferung oder sonstige Leistung eine Steuerbefreiung gilt,

9. in den Fällen des § 14b Abs. 1 Satz 5 einen Hinweis auf die Aufbewahrungspflicht des Leistungsempfängers und
10. in den Fällen der Ausstellung der Rechnung durch den Leistungsempfänger oder durch einen von ihm beauftragten Dritten gemäß Absatz 2 Satz 2 die Angabe „Gutschrift“.

Da in der Praxis jeder Unternehmer zahlreiche Umsätze tätigt, denen eine Vielzahl verschiedener Eingangsrechnungen mit enthaltener Vorsteuer gegenüberstehen, wird eine Verrechnung mit der Abgabe von Umsatzsteuer-Voranmeldungen vorgenommen.

Die Abgabe der Voranmeldungen erfolgt grundsätzlich vierteljährlich. Beträgt die Umsatzsteuerschuld des Vorjahres mehr als 7.500 Euro, ist die Voranmeldung monatlich einzureichen. Beträgt sie weniger als 1.000 Euro, braucht nur eine Jahreserklärung abgegeben zu werden.
 Für das Jahr der Betriebseröffnung und das folgende Jahr gilt eine monatliche Verpflichtung zur Abgabe der Umsatzsteuer-Voranmeldungen.

Nach Ablauf eines Kalenderjahres hat der Unternehmer eine Umsatzsteuer-Jahreserklärung beim Finanzamt abzugeben. In dieser werden die Zahlungen des abgelaufenen Jahres und sich möglicherweise durch Abschlussbuchungen und Korrekturen ergebende Änderungen abgerechnet. In der Regel wird die Umsatzsteuererklärung zusammen mit der Gewinnermittlung und der Einkommensteuererklärung abgegeben.

Gerade bei nebenberuflich ausgeübten selbstständigen Tätigkeiten ist die sogenannte Kleinunternehmerregelung wichtig. Diese besagt, dass ein Unternehmer, dessen Umsatz im vergangenen Jahr nicht mehr als 22.000 Euro (bis 2019: 17.500 Euro) betragen hat und im laufenden Jahr 50.000 Euro voraussichtlich nicht übersteigt, von der Umsatzsteuer befreit ist.

Diese Regelung ist vor allem dann interessant, wenn die Lieferung oder Leistungserbringung direkt an den Endkunden erfolgt, da diese selbst keinen Vorsteuerabzug haben. Da keine Umsatzsteuer gezahlt werden muss, ist nämlich entweder die Ware um den Umsatzsteuerbetrag günstiger, was die Konkurrenzfähigkeit erhöht, oder der Gewinn ist entsprechend höher. Gleichzeitig ist allerdings der Vorsteuerabzug nicht möglich.

Zu beachten ist bei der Kleinunternehmerregelung, dass in von diesen Unternehmern ausgestellten Rechnungen keine Umsatzsteuer ausgewiesen werden darf. Geschieht dies dennoch, so tritt automatisch und für alle getätigten Umsätze des entsprechenden Kalenderjahres Steuerpflicht ein.

Wichtig: Sollten Sie die Kleinunternehmerregelung in Anspruch nehmen, können Situationen eintreten, in denen Sie dennoch verpflichtet sind, Umsatzsteuer an das Finanzamt abzuführen. Beispielsweise, wenn Sie Leistungen einkaufen, die dem sogenannten Reverse-Charge-Verfahren unterliegen. Das Reverse-Charge-Verfahren bedeutet, dass der Leistungsempfänger die Umsatzsteuer schuldet (und an das Finanzamt abführen muss). Bei einem Unternehmer, der die Kleinunternehmerregelung nicht in Anspruch nimmt, ist dies ein Nullsummenspiel, da er die Umsatzsteuer schuldet und an das Finanzamt abführen muss, aber da er zum Vorsteuerabzug berechtigt ist, die Umsatzsteuer in gleicher Höhe als Vorsteuer abziehen darf. Nehmen Sie die Kleinunternehmerregelung in Anspruch, sind Sie aber gerade nicht zum Vorsteuerabzug berechtigt. Das bedeutet, Sie müssen die Umsatzsteuer an das Finanzamt abführen, dürfen aber keine Vorsteuer geltend machen. Ein Fall, bei dem das Reverse-Charge-Verfahren Anwendung findet, ist der Kauf von sonstigen Leistungen (Dienstleistungen) aus dem Ausland. Beispiele hierfür aus der Praxis sind Social-Media-Werbung (z. B. Facebook-Ads, Google-Ads) oder aber andere digitale Dienstleistungen, wie bei Anbietern von Homepage-Baukästen, Webshop-Systemen (z. B. Shopyfy, Wix, Fiverr, Adobe, Artlist).

Praxis-Tipp:

Die Umsatzsteuer ist eine der kompliziertesten Steuerarten. Die Ausführungen hierzu können nur einer Sensibilisierung für das Thema dienen und einen grundsätzlichen Überblick bieten. Sollten Sie von der Problematik betroffen sein, sind weiterführende Literatur und der Rat eines Profis wichtig, um unnötige Fehler zu vermeiden.

8.

Einkünfte aus Vermietung und Verpachtung

Grundsätze

Einkünfte aus der Vermietung von Gebäuden, Gebäudeteilen und Grundstücken fallen steuerlich unter die Einkunftsart Vermietung und Verpachtung (V+V). Die Einkünfte werden durch den Überschuss der Einnahmen über die Werbungskosten ermittelt. Übersteigen die Werbungskosten die Mieteinnahmen, wie es insbesondere wegen Fremdfinanzierung des Mietobjekts (Finanzierungskosten) oder hoher Reparaturaufwendungen (Erhaltungsaufwand) häufig vorkommt, mindern die Verluste aus der Vermietung die Gewinne. Einnahmenüberschüsse aus anderen Einkunftsarten vermindern sich dadurch ebenfalls, sodass die Steuerlast insgesamt sinkt.

Zu den einkommensteuerpflichtigen Einnahmen aus Vermietung und Verpachtung zählen außer den vereinbarten Miet- und Pachtzinsen – einschließlich der Umlagen für Neben- und Betriebskosten – grundsätzlich alle Vergütungen, die als Entgelte für die Gebrauchsüberlassung, zum Beispiel einer Wohnung oder eines Grundstücks, geleistet werden. Es kommt weder auf die Bezeichnung der Vergütungen noch darauf an, ob sie einmalig oder laufend zufließen. Entscheidend ist vielmehr, dass die Einnahmen durch die Vermietungs- oder Verpachtungstätigkeit veranlasst sind, wie das beispielsweise bei öffentlichen Zuschüssen wegen Hinnahme von Belegungs- und Mietpreisbindungen der Fall ist.

Die Einkünfte aus Vermietung und Verpachtung sowie die Werbungskosten aus den Vermietungseinkünften geben Sie in der Anlage V an. Sie müssen insofern keine Anlage EÜR für Ihre Einkünfte aus Vermietung und Verpachtung abgeben.

Werbungskosten

Werbungskosten sind alle Aufwendungen, bei denen objektiv ein wirtschaftlicher Zusammenhang mit der Vermietung und Verpachtung besteht und die subjektiv zur Förderung der Nutzungsüberlassung gemacht werden.

Sie können Werbungskosten auch dann geltend machen, wenn noch oder vorübergehend keine Einnahmen aus dem Gebäude erzielt werden, zum Beispiel weil das Mietobjekt erst noch errichtet wird oder eine Zeit lang leer steht. Allerdings muss die anhaltende Vermietungsabsicht nachgewiesen werden, beispielsweise durch Anzeigen zur Mietersuche. Werbungskosten kommen auch nachträglich in Betracht, wenn keine Einnahmen mehr fließen, zum Beispiel wenn das Mietshaus verkauft wird und die für dessen früheren Erwerb aufgenommenen Kredite vom Erlös nicht völlig getilgt werden können.

Werbungskosten bei Vermietung und Verpachtung sind im Einzelnen:

- Abschreibung von Herstellungs- und Anschaffungskosten
- Finanzierungskosten (Damnum/Disagio, Grundschuldeintragung, Schuldzinsen); hierzu zählen auch die Abschlussgebühren für einen Bausparvertrag, wenn das Bauspardarlehen der Finanzierung der vermieteten Immobilie dient
- Erhaltungsaufwendungen; größere Erhaltungsaufwendungen können, wenn sie bis einschließlich 1998 bzw. ab dem 01.01.2004 entstanden sind, entweder im Jahr der Zahlung voll angesetzt oder aber auf zwei bis fünf Jahre verteilt werden
- Nebenkosten (Versicherungen, Steuern, Beiträge, Energiekosten etc.)
- Verwaltungskosten (Hausmeister, Hausverwaltung, aber auch Gebühren für Schornsteinfeger oder Müllabfuhr und Grundsteuer)
- sonstige Aufwendungen (Fahrtkosten, Telefon, Porto, Mehraufwendungen für Verpflegung etc.)

Abschreibungen

Wie aus der Aufzählung ersichtlich, zählen auch die Abschreibungen zu den Werbungskosten, die von den Anschaffungskosten bzw. Herstellungskosten des vermieteten Gebäudes oder der Eigentumswohnung vorzunehmen sind.

Abschreibungen bzw. Absetzungen für Abnutzung (AfA) sind von den Herstellungs- oder Anschaffungskosten vorzunehmen, die auf den Gebäudeteil einschließlich des Gemeinschaftseigentums entfallen. Nur dabei handelt es sich um ein abnutzbares Wirtschaftsgut. Auf den Anteil am Grund und Boden sind keine Abschreibungen zulässig, da das Grundstück selbst nicht abnutzbar ist. Daher muss im Fall der Anschaffung der Wohnung der Kaufpreis auf den Gebäudeanteil und den Grund- und Bodenanteil aufgeteilt werden. Diese Aufteilung ist nach ständiger Rechtsprechung entsprechend den Verkehrswerten vorzunehmen.

Die Abschreibung beträgt grundsätzlich linear 2 Prozent jährlich. Wurde das Gebäude vor 1925 errichtet, beträgt die Abschreibung 2,5 Prozent. Handelt es sich um einen Neubau, für den der Bauantrag nach dem 31.12.2003 und vor dem 01.01.2006 gestellt wurde bzw. der Kaufvertrag nach dem 31.12.2003 und vor dem 01.01.2006 abgeschlossen wurde, findet statt der linearen die degressive Abschreibung Anwendung: Im Jahr der Fertigstellung und den folgenden neun Jahren können 4 Prozent, danach acht Jahre lang 2,5 Prozent und anschließend 32 Jahre lang 1,25 Prozent abgeschrieben werden.

Beispiel:

Frau Hoff erwirbt ein Reihenhaus, welches sie vermieten möchte. Der Kaufpreis beträgt 180.000 EUR, wovon 36.000 EUR, also 20 %, auf den Grund und Boden entfallen. Neben dem Kaufpreis fallen an Erwerbsnebenkosten an: 6.264 EUR Maklercourtage, 1.500 EUR Notar- und Grundbuchkosten sowie 5 %, somit 9.000 EUR, an Grunderwerbsteuer. Von den Nebenkosten in Höhe von 16.764 EUR entfallen 20 % auf den Grund und Boden sowie 80 % auf das Gebäude. Die Bemessungsgrundlage für die Abschreibung beträgt folglich 180.000 EUR ./. 36.000 EUR (Grund und Boden) + 13.412 EUR (= 80 % × 16.764 EUR) = 157.412 EUR.
Die Abschreibung von 2 % beträgt daher hier 3.148 EUR.

Die neue Sonderabschreibung nach § 7b EStG

Schon seit geraumer Zeit ist in den Medien zu hören, dass die Regierung bezahlbaren Wohnraum schaffen bzw. fördern möchte. Das hat sie nun getan. Am 08.08.2019 wurde das „Gesetz zur steuerlichen Förderung des Mietwohnungsneubaus“ verkündet (BGBl. I 2019, Seite 1122).

Für Sie bedeutet das: Sie können nun über einen Zeitraum von vier Jahren zusätzlich zur regulären Abschreibung einer vermieteten Immobilie (in der Regel 2 Prozent pro Jahr, s. o.) eine Sonderabschreibung von bis zu 5 Prozent pro Jahr geltend machen. So können Sie innerhalb der ersten vier Jahre nach Anschaffung oder Herstellung Ihrer Mietimmobilie insgesamt bis zu 28 Prozent der Anschaffungs-/Herstellungskosten steuermindernd geltend machen.

Diese Möglichkeit ist an folgende Voraussetzungen gebunden:

- Es muss sich um die Schaffung von neuem Wohnraum handeln. Dies ist bei einem reinen Neubau der Fall, aber auch wenn Sie beispielsweise ein nicht bewohnbares Dachgeschoss so aus- oder umbauen, dass dort neuer Wohnraum entsteht.
- Die Wohnung muss sich in einem Mitgliedstaat der Europäischen Union befinden. Liegt die Wohnung außerhalb Deutschlands, kann die Sonderabschreibung nur beansprucht werden, wenn die Mieteinkünfte in Deutschland besteuert werden.
- Der Bauantrag muss nach dem 31.08.2018 und vor dem 01.01.2022 gestellt worden sein. Ist eine Baugenehmigung nicht erforderlich, muss die Bauanzeige in diesem Zeitraum getätigt worden sein.
- Die Anschaffungs-/Herstellungskosten dürfen nicht mehr als 3.000 Euro pro Quadratmeter Wohnfläche betragen.
- Die Sonderabschreibung kann letztmalig im Jahr 2026 beansprucht werden, auch wenn der vierjährige Sonderabschreibungszeitraum noch nicht abgelaufen ist.
- Die Wohnung muss in den zehn Jahren nach Anschaffung bzw. Herstellung vermietet werden. Mit Vermietung ist gemeint, dass Sie für diese Wohnung Einkünfte aus Vermietung und Verpachtung in Ihrer Steuererklärung erzielen. Eine vorübergehende Beherbergung von Personen gilt nicht als Vermietung.
- Die Sonderabschreibung darf maximal 2.000 Euro je Quadratmeter Wohnfläche betragen.

Unter folgenden Bedingungen muss die in Anspruch genommene Sonderabschreibung rückgängig gemacht werden:

Wenn Sie

- die Wohnung innerhalb der ersten zehn Jahre nach Anschaffung/Herstellung nicht mehr zu Wohnzwecken vermieten oder
- innerhalb der drei Kalenderjahre nach dem Jahr der Anschaffung/Herstellung noch nachträgliche Anschaffungs- oder Herstellungs-

kosten in einem Umfang haben, dass die oben genannte 3.000-Euro-Grenze überschritten wird (z. B. durch Renovierung, nachträglichen Einbau von Fenstern usw.) oder

- die Immobilie veräußern, ohne dass der Veräußerungsgewinn der Einkommensteuer unterliegt (das wäre z. B. der Fall, wenn Sie privat eine Immobilie bereits seit 20 Jahren besitzen, das ungenutzte Dachgeschoss im Jahr 2019 ausgebaut haben und die gesamte Immobilie im Jahr 2022 veräußern).

Abzugsfähigkeit von Finanzierungskosten

Grundsätzlich kann im Fall einer gemischt genutzten Immobilie, die sowohl eigenen Wohnzwecken dient als auch vermietet wird, nur derjenige Anteil an den Schuldzinsen als Werbungskosten geltend gemacht werden, der entsprechend der Nutzflächenaufteilung auf den vermieteten Anteil entfällt.

Praxis-Tipp:

Aus diesem Grund sollte die Finanzierung so gestaltet werden, dass zunächst sämtliche Eigenmittel ausschließlich für den eigen genutzten Gebäudeteil verwendet werden. Die Darlehensfinanzierung ist so zu gestalten, dass zwei Darlehen aufgenommen werden. Ein Darlehen dient der Finanzierung des Restbetrags für den eigen genutzten Teil, das zweite Darlehen für die Finanzierung des vermieteten Anteils.

Wenn beim Neubau eines Einfamilienhauses eine Einliegerwohnung zum Vermieten integriert wird, sind daher sowohl die Herstellungskosten des Gebäudes für die Abschreibung als auch die nicht direkt zuordenbaren Nebenkosten nach dem Verhältnis der Nutzflächen anteilig aufzuteilen. Die Nutzfläche ergibt sich aus der Nutzflächenberechnung des Architekten.

Beispiel:

Herstellungskosten des Gebäudes: 200.000 EUR, davon 25 % für den vermieteten Teil, Eigenmittel 50.000 EUR.

Finanzierung: Eigenmittel 50.000 EUR + 100.000 EUR Darlehen für den selbst genutzten Teil; 50.000 EUR Darlehen für den vermieteten Gebäudeteil.

Praxis-Tipp:

Bei der Auszahlung der Darlehen ist darauf zu achten, dass das Darlehen für den vermieteten Teil auf ein gesondertes Baukonto fließt und von dort die anteiligen Kosten beglichen werden.
Weiterhin sollte bei der Gestaltung in einem weiteren Schritt die Tilgungsvereinbarung mit der Bank so getroffen werden, dass zunächst nur der selbst genutzte Teil getilgt wird, da die hierfür anfallenden Zinsen nicht abzugsfähig sind. Erst nach Tilgung dieses Darlehens sollte dann das Darlehen für den vermieteten Teil getilgt werden. Über die Laufzeit ergeben sich somit erhebliche Steuerersparnisse.

Werden Teile einer selbst genutzten Eigentumswohnung oder eines selbst genutzten Hauses vorübergehend vermietet und übersteigen die Einnahmen hieraus nicht 520 Euro, kann auf Antrag von der Besteuerung der Einkünfte abgesehen werden. Das Gleiche gilt entsprechend bei einer vorübergehenden Untervermietung von Teilen einer angemieteten Wohnung, die im Übrigen selbst genutzt wird. 8

Erhaltungsaufwendungen

Ein besonderes Thema im Rahmen der Einkünfte aus Vermietung und Verpachtung sind die Erhaltungsaufwendungen, also diejenigen Aufwendungen, die für laufende Instandhaltung und Instandsetzung, insbesondere Reparatur, Wartung und Pflege anfallen.

Grundsätzlich sind diese Kosten im Jahr der Verausgabung als Werbungskosten abzugsfähig. Für größere Erhaltungsaufwendungen besteht ein Wahlrecht. Diese können entweder im Jahr der Verausgabung voll angesetzt werden oder aber auf zwei bis fünf Jahre gleichmäßig verteilt werden, wenn sie bis einschließlich 1998 bzw. ab dem 01.01.2004 entstanden sind. Hierdurch lassen sich die Werbungskosten so verteilen, dass ein größtmöglicher Steuerspareffekt erzielt wird.

Von den Erhaltungsaufwendungen abzugrenzen sind die sogenannten nachträglichen Anschaffungs- und Herstellungskosten, welche bei einem bereits fertiggestellten Gebäude anfallen, wenn es erweitert oder wesentlich verbessert wird. Das ist beispielsweise der Fall bei Aufstockung eines Gebäudes, bei Errichtung eines Anbaus oder bei Vergrößerung der nutzbaren Fläche des Gebäudes wie einem Dachgeschossausbau, durch den zusätzliche Wohnfläche entsteht. In einem solchen Fall erhöhen die Aufwendungen hierfür die Bemessungsgrundlage für die Abschreibung. Die Kosten sind also nicht sofort als Werbungskosten abzugsfähig.

Das Gleiche gilt für Erhaltungsaufwendungen, die zu einer wesentlichen Verbesserung des Gebäudes und somit des Gebrauchswerts führen.

Eine deutliche Gebrauchserhöhung wird angenommen, wenn

- sich der Wohnstandard des Gebäudes maßgeblich steigert, sodass eine andere Wohnungskategorie erreicht wird. Dabei unterscheidet der BFH drei Stufen der Ausstattung: von einer sehr einfachen Ausstattung über eine mittlere zu einer sehr anspruchsvollen Ausstattung. Abgestellt wird vor allem auf die wesentliche Verbesserung der Heizungs-, Sanitär- sowie Elektroinstallationen und der Fenster (z. B. Isolier- statt Einfachverglasung). Sind mindestens drei der genannten Bereiche betroffen, bejaht der BFH den Herstellungsaufwand. Dieser Abgrenzung kann nicht durch Verlagerung der wesentlichen Maßnahmen über mehrere Jahre hinaus ausgewichen werden, weil die „Sanierung in Raten" ebenso beurteilt wird wie in einem Zuge durchgeführte Modernisierungen.
- die tatsächliche Gesamtnutzungsdauer deutlich verlängert wird, zum Beispiel bei über die Reparatur hinausgehenden Maßnahmen an tragenden Wänden, Decken oder Fundament.
- die erzielbare Miete deutlich gesteigert wird. Dabei sind jedoch Mietsteigerungen, die lediglich auf zeitgemäßen Bestand erhaltender Neuerungen beruhen, nicht in die Beurteilung einzubeziehen. Das ist beispielsweise der Fall, wenn Sie von Kohleöfen auf Zentralbeheizung umstellen.

Weiterhin ist immer dann von Anschaffungs- und Herstellungskosten und nicht von Erhaltungsaufwendungen auszugehen, wenn die innerhalb von drei Jahren nach Kauf eines Gebäudes anfallenden Erhaltungsaufwendungen netto mehr als 15 Prozent der Anschaffungskosten des Gebäudes betragen. Allerdings sind Erhaltungsaufwendungen, die üblicherweise jährlich anfallen, nicht in die Berechnung einzubeziehen.

Beispiel einer Einnahmenüberschussrechnung

Die Ermittlung des Überschusses der Einnahmen über die Werbungskosten könnte am Beispiel der Frau Hoff wie folgt aussehen:

Einnahmen	
Einnahmen aus Vermietung 12 × 700 EUR	8.400 EUR
Einnahmen aus Nebenkosten 12 × 100 EUR	1.200 EUR
Summe der Einnahmen	**9.600 EUR**
Werbungskosten	
Abschreibung 2 %	3.148 EUR
Schuldzinsen aus Darlehensfinanzierung	6.500 EUR
Instandhaltungen	630 EUR
Nebenkosten (Steuern, Wasser, Versicherungen, Strom, Heizkosten, Verwalter etc.)	1.300 EUR
Fahrtkosten (800 km × 0,30 EUR)	240 EUR
Telefon, Porto etc. pauschal	120 EUR
Summe der Werbungskosten	**11.938 EUR**
Verlust	**– 2.338 EUR**

Diese Einnahmenüberschussrechnung dient lediglich der Verdeutlichung des Schemas. Bitte verwechseln Sie dies nicht mit der Anlage EÜR, die seit 2017 auch für Kleinunternehmer verbindlich elektronisch an die Finanzverwaltung übermittelt werden muss. Sollten Sie Einkünfte aus Vermietung und Verpachtung haben, geben Sie diese in der Anlage V an.

Vermietung an nahe Angehörige

Auch die Vermietung einer Wohnung an nahe Angehörige wird grundsätzlich steuerlich anerkannt. So ist es nicht unüblich, dass die Eltern eine Wohnung am Arbeits- oder Studienort des Kindes erwerben und diese an das Kind vermieten. Damit die Vermietung anerkannt wird, ist es jedoch wichtig, dass ein wirksamer Mietvertrag vorliegt, der so auch tatsächlich durchgeführt wird. Die Vermietung muss folglich wie zwischen fremden Dritten erfolgen. Sollte die Wohnung verbilligt überlassen werden, was grundsätzlich nicht schädlich ist, darf die Miete nicht weniger als 66 Prozent der ortsüblichen Miete betragen.

Diese Aufteilungsgrenze wurde von 66 Prozent auf 50 Prozent der ortsüblichen Miete reduziert. Bei Mieten zwischen 50 Prozent und 65,9 Prozent der ortsüblichen Miete ist jedoch eine Überschussprognose vorzunehmen. Fällt diese positiv aus, ist eine Einkünfteerzielungsabsicht zu unterstellen und der volle Werbungskostenabzug ist möglich. Fällt diese negativ aus oder bei Mieten unter 50 Prozent, erfolgt eine
8 anteilige Kürzung der Werbungskosten.

Sie sehen, dass die Vermietung an einen nahen Angehörigen erhebliches Gestaltungspotenzial in sich birgt. Wenn Sie diese so gestalten, dass die Einnahmen möglichst niedrig sind, ohne dass die Werbungskosten gekürzt werden, erhöhen Sie gleichzeitig den Verlust aus der Vermietung, was zu Steuerersparnissen führt.

9.

Einkünfte aus Kapitalvermögen und Spekulationsgewinnen

Grundsätze

Der Begriff „Einkünfte aus Kapitalvermögen“ ist im Einkommensteuergesetz nicht definiert, sondern lediglich durch eine beispielhafte Aufzählung in § 20 EStG abgegrenzt. Gemeinsames Merkmal all dieser Einnahmen ist, dass sie eine Gegenleistung für die Nutzungsüberlassung von zum Privatvermögen gehörendem Kapital an Dritte darstellen, zum Beispiel

- Zinsen aus Sparguthaben (auch Bausparguthaben)
- Gewinnanteile (Dividenden aus Aktienbeteiligungen und Fondsanteilen)
- Erträge aus festverzinslichen Wertpapieren
- Zinsanteile aus Lebensversicherungen
- Genussrechte
- Erträge aus typisch stillen Beteiligungen und aus partiarischen Darlehen
- Erträge aus sonstigen Kapitalforderungen
- Gewinne aus der Veräußerung von Aktien

So funktioniert die Abgeltungsteuer

Einkünfte aus Kapitalvermögen werden seit 2009 nach der Methodik der Abgeltungsteuer besteuert. Bei der Abgeltungsteuer handelt es sich nicht um eine neue Steuerart, sondern um einen besonderen Steuertarif in Höhe von 25 Prozent. Diese Steuer wird grundsätzlich unabhängig vom übrigen Einkommen auf die Einkünfte aus Kapitalvermögen erhoben. Dabei macht es sich der Fiskus leicht, denn einbehalten wird die Steuer schon von der Bank. Sie führt sie dann an das zuständige Finanzamt ab. Gleiches gilt für Erträge aus Kapitalanlagen im Ausland, wobei bereits im Ausland gezahlte Steuern von der Bank angerechnet werden. Insofern schützt die Geldanlage im Ausland grundsätzlich nicht vor der deutschen Steuer.

Ermittlung der Einkünfte aus Kapitalvermögen

Bei den Zinseinnahmen dürfen über den Sparer-Pauschbetrag (801 Euro für Ledige/1.602 Euro für Zusammenveranlagte) hinausgehende Werbungskosten nicht mehr abgezogen werden, was in besonderen Fällen zu abstrusen steuerlichen Ergebnissen führen kann. Dadurch kann es eventuell ratsam sein, von dem im Folgenden beschriebenen Wahlrecht Gebrauch zu machen.

Da die Abgeltungsteuer grundsätzlich die Steuer auf die jeweiligen Erträge leistet und somit „abgegolten“ ist, muss in der Regel keine Erklärung der Einkünfte erfolgen, was auf den ersten Blick von Vorteil ist.

Gerade bei Rentnern kommt es häufig vor, dass deren Steuersatz deutlich unter dem Satz der Abgeltungsteuer von 25 Prozent liegt. Um in diesem Fall durch die Abgeltungsteuer nicht schlechter gestellt zu werden, können die Einkünfte wie bisher erklärt und auf Antrag die Besteuerung nach dem nachfolgenden Schema durchgeführt werden:

Ermittlung der Einkünfte aus Kapitalvermögen	
	Einnahmen aus Kapitalvermögen
./.	Sparer-Pauschbetrag (801 EUR/1.602 EUR)
=	**Einkünfte aus Kapitalvermögen**

9

Nunmehr wird der individuelle Steuersatz auf die Einkünfte angewandt und die bereits von der Bank einbehaltene Abgeltungsteuer wie eine Vorauszahlung gegengerechnet, was regelmäßig zu Erstattungen führt, wenn der individuelle Steuersatz unter 25 Prozent liegt.

> ***Praxis-Tipp:***
>
> *Einnahmen aus Kapitalvermögen sind zu versteuern, wenn sie bei Ledigen den Betrag von 801 Euro und bei zusammen veranlagten Ehegatten 1.602 Euro übersteigen.*

Grundsätzlich sind die Bankinstitute, die Zinsen auszahlen, verpflichtet, 25 Prozent an Zinsabschlag (= Abgeltungsteuer) sowie hierauf Solidaritätszuschlag in Höhe von 5,5 Prozent und Kirchensteuer je nach Bundesland in Höhe von 8 Prozent oder 9 Prozent einzubehalten und an das Finanzamt abzuführen. Für Kapitalerträge bis zur Höhe von 801 Euro bei Ledigen und 1.602 Euro bei zusammenveranlagten Ehegatten kann dies durch die Erteilung von Freistellungsaufträgen an die Bank vermieden werden. Sprechen Sie hierzu mit Ihrem Bankberater. Sie erhalten von der Bank das entsprechende auszufüllende Formular.

> ***Praxis-Tipp:***
>
> *Die Höhe der insgesamt erteilten Freistellungsaufträge darf die Beträge von 801 Euro/1.602 Euro nicht übersteigen, sonst kann es zur falschen Einbehaltung von Kapitalertragsteuer kommen. Noch unangenehmer sind die aufgrund der Kontrollmöglichkeiten des Bundeszentralamts für Steuern durchgeführten zusätzlichen Ermittlungen. Durch entsprechende Sorgfalt lässt sich dies leicht vermeiden.*

Sollte bei Ihnen durch die Nichterteilung von Freistellungsaufträgen oder bei Überschreiten der Freibeträge Kapitalertragsteuer einbehalten worden und Ihr persönlicher Steuersatz geringer als 25 Prozent sein, sind die einbehaltenen Beträge nicht verloren. Vielmehr sind diese wie eine zusätzliche Steuervorauszahlung und im Rahmen der Einkommensteuerveranlagung anzurechnen.

Damit das geschieht, muss eine Steuerbescheinigung zusammen mit der Einkommensteuererklärung vorgelegt werden. Diese wird normalerweise mit der Jahresbescheinigung vom entsprechenden Anlageinstitut ausgestellt.

Die Vorlage der Jahresbescheinigung allein reicht nicht aus.

> ***Praxis-Tipp:***
>
> *Aus den Jahresbescheinigungen und den Steuerbescheinigungen ergibt sich, um welche Erträge es sich handelt und an welcher Stelle sie in das Formular (Anlage KAP) einzutragen sind.*

Berechnung der Abgeltungsteuer

Beachten Sie, dass eine Verrechnung der Verluste aus Kapitalvermögen mit positiven Einkünften aus anderen Einkunftsarten leider nicht möglich ist.

Abgeltungsteuer für Zinsen

Die Berechnung der Abgeltungsteuer für Zinsen erfolgt nach folgendem Muster:

Berechnung der Abgeltungsteuer für Zinsen	
	Einnahmen aus Kapitalvermögen (z. B. Zinsen oder Dividenden)
./.	Verluste aus Kapitalvermögen
./.	Sparer-Pauschbetrag (801 EUR bei Ledigen/1.602 EUR bei Verheirateten)
=	**Einkünfte aus Kapitalvermögen**
×	25 % Abgeltungsteuer
./.	evtl. zu berücksichtigende ausländische Steuern
+	Solidaritätszuschlag (5,5 % auf die Abgeltungsteuer)
+	evtl. zu berechnende Kirchensteuer (je nach Bundesland 8 % oder 9 % der Abgeltungsteuer)
=	**Steuerbelastung**

Abgeltungsteuer bei Veräußerung von Wertpapieren

Gewinne aus dem Verkauf von Wertpapieren (Aktien, Zinsscheine etc.) unterliegen als Einkünfte aus Kapitalvermögen ebenfalls der Abgeltungsteuer. Dies gilt jedoch nur für solche Wertpapiere, die seit 2009 gekauft wurden. Fand der Erwerb vor 2009 statt, können diese weiterhin steuerfrei veräußert werden.

Konnten vor 2009 Verluste aus dem An- und Verkauf von Wertpapieren außerhalb der Spekulationsfrist von einem Jahr nicht mehr geltend gemacht werden, ist dies nun konsequenterweise anders. Da auf der einen Seite die Gewinne besteuert werden, können auf der anderen Seite die Verluste mit diesen verrechnet werden.

Dabei ist zu beachten, dass Gewinne aus der Veräußerung von Aktien nur mit Verlusten aus dem Verkauf von Aktien verrechnet werden können. In einem Jahr nicht ausgeglichene Verluste werden vorgetragen und können mit zukünftigen Gewinnen verrechnet werden.

Es gibt zahlreiche Fälle, bei denen Verlustvorträge aus Wertpapierverkäufen vor 2009 vorhanden sind. Diese „Altverluste" wurden bis 2013 vorgetragen und in diesem Zeitraum mit etwaigen Gewinnen verrechnet.

Nach 2013 ist eine Verrechnung bei den Einkünften aus Kapitalvermögen nicht mehr möglich. Nicht verbrauchte „Altverluste" können nach 2013 nur noch mit Spekulationsgewinnen verrechnet werden.

Bei der Veräußerung von Wertpapieren wird die Steuer wie folgt berechnet:

Berechnung der Abgeltungsteuer bei Veräußerung von Wertpapieren	
	Einnahmen aus dem Verkauf der Wertpapiere
./.	Anschaffungskosten der Wertpapiere
./.	Kosten im Zusammenhang mit dem Verkauf (Provisionen etc.)
./.	nicht ausgeglichene Verluste aus Vorjahren
=	**Einkünfte aus Kapitalvermögen**
×	25 % Abgeltungsteuer
+	Solidaritätszuschlag (5,5 % auf die Abgeltungsteuer)
+	evtl. zu berechnende Kirchensteuer (je nach Bundesland 8 % oder 9 % der Abgeltungsteuer)
=	**Steuerbelastung**

Kapitallebensversicherung

Ein aktuelles Thema ist nach wie vor die Besteuerung von Kapitallebensversicherungen.

Durch das Alterseinkünftegesetz wurde die Besteuerung von Erträgen aus Kapitallebensversicherungen geändert. Von dieser Neuregelung sind alle Verträge betroffen, die nach dem 31.12.2004 abgeschlossen wurden. Für bis dahin abgeschlossenen Verträge gilt die alte Regelung, und zwar unabhängig davon, in welchem Jahr die Versicherungsleistung zufließt.

Im Grundsatz bedeutet das, dass bei Verträgen, die vor dem 01.01.2005 abgeschlossen wurden, die in der Ablaufleistung enthaltenen Zinsanteile nur dann steuerfrei ausgezahlt werden, wenn die Laufzeit des Vertrages mindestens zwölf Jahre betragen hat.

Erträge aus Kapitallebensversicherungen, die seit dem 01.01.2005 abgeschlossen wurden, müssen versteuert werden. Der zu versteuernde Betrag ermittelt sich aus der Differenz zwischen Ablaufleistung und den gezahlten Beiträgen. Die Erträge müssen grundsätzlich in voller Höhe mit dem persönlichen Steuersatz versteuert werden, die Abgeltungsteuer kommt nicht zur Anwendung. Zinsanteile unterliegen lediglich zur Hälfte mit dem individuellen Steuersatz der Steuerpflicht, wenn die Versicherung nach Vollendung des 60. Lebensjahres und nach Ablauf von zwölf Jahren seit dem Vertragsabschluss ausgezahlt wird.

Für Rentenversicherungen mit Kapitalwahlrecht gelten entsprechende Regelungen, soweit nicht die Rentenzahlung gewählt wird.

10.

Steuerpflichtige private Veräußerungsgeschäfte

Grundsätze

Die Veräußerung von Gegenständen des Privatvermögens wird grundsätzlich einkommensteuerlich nicht erfasst. Das gilt auch, wenn aus diesen Gegenständen vorher steuerpflichtige Einnahmen bezogen wurden, wie beispielsweise bei vermieteten Immobilien oder Kapitalanlagen.

Neben einigen anderen, sehr speziellen Ausnahmen sind jedoch die Fristen für das Vorliegen eines steuerpflichtigen privaten Veräußerungsgeschäftes, früher als Spekulationsgewinn bezeichnet, zu beachten. Das hat vor allem bei Grundstücksverkäufen eine erhebliche Bedeutung.

Verkauf von Grundstücken

Bei Grundstücken wird der Verkauf steuerpflichtig, wenn zwischen Anschaffung und Verkauf weniger als zehn Jahre vergangen sind (sog. Spekulationsfrist).

> ***Praxis-Tipp:***
>
> *Haben Sie eine Immobilie geerbt, die Sie verkaufen möchten, ist zur Berechnung der Spekulationsfrist der Zeitraum zwischen der Anschaffung durch den Erblasser und dem durch Sie getätigten Verkauf heranzuziehen. Der Zeitpunkt des Erbfalls ist dagegen unbeachtlich.*

Nicht zu versteuern sind solche Gewinne, die bei der Veräußerung einer selbst genutzten Immobilie entstehen. Dazu muss diese Immobilie seit Erwerb oder Bau oder aber im Jahr der Veräußerung und in den beiden Jahren davor zu eigenen Wohnzwecken genutzt worden sein.

Sie ermitteln den Gewinn oder Verlust aus privaten Veräußerungsgeschäften, indem Sie vom erzielten Veräußerungspreis die Anschaffungs- und Herstellungskosten abziehen. Weiterhin sind die mit der Veräußerung verbundenen Kosten in Abzug zu bringen.

Wurden in der Vergangenheit Abschreibungen geltend gemacht, wie vor allem bei vermieteten Immobilien üblich, sind diese in vollem Umfang von den Anschaffungs- oder Herstellungskosten abzuziehen. Damit erhöht sich der Gewinn aus der Veräußerung und die bislang steuermindernd geltend gemachten Abschreibungen werden nachversteuert.

Beispiel:

Frau Müller erwarb am 02.01.2014 eine Eigentumswohnung zur Vermietung. Die Anschaffungskosten betrugen 150.000 EUR, wovon 25.000 EUR auf den Grund und Boden entfielen. Insgesamt machte sie 31.250 EUR an Abschreibungen geltend. Am 01.06.2022 veräußert Frau Müller die Wohnung für insgesamt 160.000 EUR, an Veräußerungskosten sind 2.000 EUR angefallen. Da zwischen Kauf und Verkauf weniger als 10 Jahre liegen, ist der Verkauf als privates Veräußerungsgeschäft steuerpflichtig. Der zu versteuernde Gewinn ermittelt sich wie folgt:
160.000 EUR ./. 118.750 EUR (= 150.000 EUR ./. 31.250 EUR) ./. 2.000 EU
R = **39.250 EUR**

Gewinne aus privaten Veräußerungsgeschäften sind steuerpflichtig, wenn sie 599 Euro im Jahr übersteigen. Hierbei handelt es sich um eine Freigrenze und nicht um einen Freibetrag. Demzufolge wird ab einem Gewinn von 600 Euro der volle Betrag steuerpflichtig.

Wichtig: Es gibt Fälle, in denen es zu einer Veräußerung kommt, ohne dass dies den beteiligten Personen bewusst ist. Gerade bei Vermögensauseinandersetzungen im Rahmen von Scheidungen ist dies denkbar. In einem solchen Fall ist es dringend geboten, vor Abschluss einer entsprechenden Vereinbarung einen steuerlichen Fachmann zu konsultieren, um ein böses Erwachen zu vermeiden. „Veräußerung" ist nicht gleichzusetzen mit „Verkauf".

Beispiel:

Herr Loscheider lebt mit seiner Ehefrau im gesetzlichen Güterstand der Zugewinngemeinschaft. Der Ehemann besitzt seit 2014 eine Eigentumswohnung im Alleineigentum, die einen Kaufpreis von 100.000 EUR hatte und seitdem vermietet wird. Die Abschreibungen betrugen 15.000 EUR.

Die Ehe wird im Jahr 2022 geschieden, der Wert der Wohnung beträgt 110.000 EUR.
Im Rahmen des Ehescheidungsverfahrens wird ein Zugewinnausgleich für die Ehefrau in Höhe von 110.000 EUR festgestellt, der durch die Übertragung der Immobilie erfüllt wird.
Folge ist, dass Herr Loscheider eine private Verbindlichkeit gegenüber seiner geschiedenen Ehefrau durch Übertragung der Wohnung beglichen hat. Das kommt einer Veräußerung gleich. Entsprechend dem oben dargestellten Schema zur Gewinnermittlung hat er einen Gewinn in Höhe von 25.000 EUR zu versteuern.

Praxis-Tipp:

Betroffene sollten versuchen, eine Stundungsvereinbarung zu treffen, bis die Spekulationsfrist abgelaufen ist.

11.

Von der Summe der Einkünfte zum Gesamtbetrag der Einkünfte

Grundsätze

Nachdem die einzelnen Einkünfte aus den Einkunftsarten ermittelt wurden, ergibt sich aus deren Addition die sogenannte Summe der Einkünfte. Um das System der Einkommensteuer zu vergegenwärtigen, wird auf die bereits in Kapitel 2 Abschnitt „Die Summe der Einkünfte“ abgebildete Übersicht verwiesen. Ausgehend von der Summe der Einkünfte wird nun – unter Abzug des Altersentlastungsbetrags, des Entlastungsbetrags für Alleinerziehende und des Freibetrags für Land- und Forstwirte – der Gesamtbetrag der Einkünfte ermittelt.

Altersentlastungsbetrag

Der Altersentlastungsbetrag ist ein Steuerfreibetrag und steht Steuerpflichtigen zu, die vor Beginn des betreffenden Veranlagungszeitraums das 64. Lebensjahr vollendet haben. Seine Höhe bestimmt sich nach dem Kalenderjahr, das der Vollendung des 64. Lebensjahres folgt. Für Steuerpflichtige, die die Voraussetzungen ab dem Veranlagungszeitraum 2022 erfüllen, beträgt er 14,4 Prozent des Arbeitslohns und der positiven Summe derjenigen Einkünfte, die nicht aus nichtselbstständiger Arbeit sind, jedoch höchstens 684 Euro. Versorgungsbezüge und Renten fließen dabei nicht in die Bemessungsgrundlage ein, sondern alle anderen Einkünfte (Zinseinkünfte, Vermietungseinkünfte etc.).

Bemessungsgrundlage ist somit der Arbeitslohn zuzüglich aller an-
 deren positiven Einkünfte ohne die vorgenannten Versorgungsbezüge und Renten. Der Altersentlastungsbetrag wird bis zum Jahr 2040 für Steuerpflichtige, die die Voraussetzungen jeweils erstmals erfüllen, schrittweise auf 0 Euro abgebaut. Bei Ehegatten steht der Betrag jedem Ehegatten einzeln zu.

Sollten Sie Pensionär sein und demzufolge Versorgungsbezüge erhalten, steht Ihnen der Altersentlastungsbetrag nur zu, wenn Sie über andere positive Einkünfte (z. B. aus Vermietung) verfügen. Im Gegenzug zu diesem steuerlichen Nachteil erhalten Sie einen Versorgungsfreibetrag sowie einen Zuschlag zum Versorgungsfreibetrag für die Versorgungsbezüge (vgl. hierzu Kapitel 6 „Einkünfte aus nichtselbstständiger Arbeit und aus Versorgungsbezügen“).

> ***Praxis-Tipp:***
>
> *In der Steuererklärung müssen Sie weder Altersentlastungs- noch Versorgungsfreibetrag angeben. Sie werden von Amts wegen berücksichtigt.*

Entlastungsbetrag für Alleinerziehende

Der Entlastungsbetrag für Alleinerziehende beträgt derzeit 4.008 Euro für das erste Kind plus 240 Euro für jedes weitere Kind. Liegen die Voraussetzungen für die Gewährung nicht während des gesamten Jahres vor, so wird der Betrag nur anteilig nach Monaten gewährt (334 Euro pro Monat bei einem Kind).

Im Rahmen der Corona-Pandemie wurde der Entlastungsbetrag für Alleinerziehende ursprünglich befristet für die Jahre 2020 und 2021 auf 4.008 Euro für das erste Kind erhöht. Der Erhöhungsbetrag von 240 Euro für jedes weitere Kind ist gleich geblieben. Diese Befristung wurde aber aufgehoben, so dass der Entlastungsbetrag nun dauerhaft bei 4.008 Euro für das erste Kind bleibt.

Der Entlastungsbetrag kann von Personen geltend gemacht werden, die

- alleinstehend sind und
- zu deren Haushalt mindestens ein Kind gehört, für das Kindergeld bezogen wird oder dem ein Kinderfreibetrag zusteht.

Als alleinstehend gilt, wer die Voraussetzungen für die Zusammenveranlagung nicht erfüllt (keine Anwendung der Splittingtabelle) oder verwitwet ist und keine Haushaltsgemeinschaft mit einer anderen volljährigen Person bildet. Eine Haushaltsgemeinschaft wird angenommen, wenn eine Person mit Haupt- oder Nebenwohnsitz in der Wohnung einer anderen Person gemeldet ist.

Die Annahme einer Haushaltsgemeinschaft ist jedoch widerlegbar, außer es handelt sich um eine eheähnliche Lebensgemeinschaft. Das Zusammenleben mit einer volljährigen Person ist von vornherein unschädlich, wenn es sich um (eigene) Kinder handelt,

- für die Ihnen Kindergeld oder der Kinderfreibetrag zusteht.
- die berücksichtigungsfähigen Freiwilligendienst leisten (z. B. Bundesfreiwilligendienst, Freiwilliges Soziales Jahr).

Die Haushaltszugehörigkeit des Kindes ist anzunehmen, wenn es in der Wohnung der alleinstehenden Person gemeldet ist. Ist das Kind bei mehreren Steuerpflichtigen gemeldet, steht der Entlastungsbetrag derjenigen Person zu, welche die Voraussetzungen zur Auszahlung des Kindergelds erfüllt oder erfüllen würde. Der Entlastungsbetrag wird somit nur einmal gewährt.

Beispiel:

Der Rentner Herr Ziller ist verwitwet und lebt mit seinen beiden 14 und 16 Jahre alten Söhnen sowie seinem hochbetagten Vater in einer Wohnung. Für die beiden Söhne erhält er Kindergeld. Da Herr Ziller eine Haushaltsgemeinschaft mit einer über 18 Jahre alten Person, seinem Vater, bildet, der die oben genannten „Ausschlusskriterien" zur Annahme einer Haushaltsgemeinschaft nicht erfüllt, wird der Entlastungsbetrag nicht gewährt. Nachdem der Vater ins Pflegeheim gekommen und die Haushaltsgemeinschaft mit ihm aufgelöst ist, würde der Entlastungsbetrag ab dem Monat anteilig berücksichtigt, in dem der Auszug erfolgt. Bei Auszug im Oktober somit mit 3/12 von 4.248 EUR = 1.062 EUR.

Im Lohnsteuerabzugsverfahren wird der Entlastungsbetrag für Alleinerziehende berücksichtigt, sofern die Steuerklasse II beantragt worden ist. Der Eintrag erfolgt durch das Finanzamt im Rahmen des Lohnsteuerermäßigungsverfahrens. Sofern die Voraussetzungen für die
11 Berücksichtigung des Entlastungsbetrags im Laufe des Kalenderjahres wegfallen (z. B. wegen einer Haushaltsgemeinschaft mit einer anderen volljährigen Person), ist der Arbeitnehmer, dem die Steuerklasse II bescheinigt wurde, verpflichtet, die Eintragung der Steuerklasse beim Finanzamt umgehend ändern zu lassen.

Freibetrag für Land- und Forstwirte

Sollten Sie Einkünfte aus Land- und Forstwirtschaft beziehen, werden diese nur dann zur Einkommensteuer herangezogen, soweit sie bei ledigen Personen im Jahr 900 Euro und bei verheirateten Personen 1.800 Euro übersteigen – sofern die Summe der Einkünfte 30.700 Euro und bei zusammen veranlagten Ehegatten 61.400 Euro nicht übersteigt.

12.

Vom Gesamtbetrag der Einkünfte zum Einkommen

Sonderausgaben

Zur Ermittlung des Einkommens werden vom Gesamtbetrag der Einkünfte die Sonderausgaben und die außergewöhnlichen Belastungen abgezogen.

> ***Praxis-Tipp:***
>
> *Um sich das System der Einkommensteuer zu vergegenwärtigen, ist es hilfreich, an dieser Stelle die in Kapitel 2 Abschnitt „Die Summe der Einkünfte" abgebildete Übersicht noch einmal anzusehen.*

Der Gesetzgeber hat verschiedenste Ausgaben des Bürgers als Sonderausgaben oder „wie Sonderausgaben" zum Abzug bei der Ermittlung des steuerpflichtigen Einkommens zugelassen. Dies beruht auf unterschiedlichen gesetzgeberischen Erwägungen, vor allem sozial-, wirtschafts-, gesellschafts-, bildungs- und kulturpolitischen Überlegungen. Im Einzelnen kennt das Einkommensteuergesetz folgende Sonderausgaben:

- Unterhaltsleistungen
- Versorgungsausgleich
- Altersvorsorgebeiträge
- Beiträge zu begünstigten Versicherungen
- Kinderbetreuungskosten
- gezahlte Kirchensteuer
- Kosten der eigenen Berufsausbildung
- Schulgeld

12

- Einzahlungen auf begünstigte Altersvorsorgeverträge (Riester-Rente)
- begünstigte Spenden
- Parteispenden
- Verlustrücktrag und Verlustvortrag
- bestimmte Sonderabschreibungen im Zusammenhang mit selbst genutztem Wohneigentum (Denkmalschutz)
- Abzugsbeträge bei schutzwürdigen Kulturgütern

Dabei findet eine Unterscheidung zwischen den beschränkt und den unbeschränkt abzugsfähigen Sonderausgaben statt. Das bedeutet, dass bestimmte Sonderausgaben nur bis zu einem Maximalbetrag berücksichtigt werden.

Wichtig: Sonderausgaben darf nur derjenige geltend machen, der diese selbst schuldet und entrichtet. Während es unerheblich ist, ob Sie oder Ihr Ehegatte die Beträge leistet, ist zum Beispiel der Abzug von Versicherungsbeiträgen, die Sie für Ihre Kinder zahlen, nicht zulässig.

Praxis-Tipp:

Werden für Unterhaltsleistungen, Renten oder dauernde Lasten, Kirchensteuer oder Spenden keine höheren Beträge nachgewiesen, erfolgt automatisch der Ansatz des Sonderausgabenpauschbetrags in Höhe von 36 Euro bei Ledigen und 72 Euro bei zusammen veranlagten Ehegatten.

Unterhaltsleistungen

Unterhalt an den geschiedenen oder dauernd getrennt lebenden, unbeschränkt einkommensteuerpflichtigen Ehegatten kann bis zu einem Höchstbetrag von 13.805 Euro als Sonderausgabe abgezogen werden. Der Unterhaltsempfänger muss im Gegenzug die Unterhaltszahlungen als sonstige Einkünfte versteuern.

Darüber hinaus können die Beiträge zur gesetzlichen Krankenversicherung und zur gesetzlichen Pflegeversicherung, die der Steuerpflichtige für die zu unterhaltende Person aufwendet, zusätzlich zum Höchstbetrag abgezogen werden.

Bei privat Versicherten sind diejenigen Beitragsanteile abzugsfähig, die auf Versicherungsleistungen entfallen, die in Art, Umfang und Höhe den Leistungen der gesetzlichen Krankenversicherung vergleichbar sind. Eine Ausnahme davon bildet das Krankentagegeld, das dem Krankengeld der gesetzlichen Krankenversicherung entspricht.

Wichtig: Abzugsfähig sind nur Beiträge zur sogenannten Basisabsicherung. Beitragsanteile für Wahl- oder Sonderleistungen, wie Chefarztbehandlung oder Einbettzimmer, sowie Beitragsanteile für das Krankengeld gehören nicht zu den abzugsfähigen Kosten.

Praxis-Tipp:

Die Anwendung des Realsplittings ist immer dann interessant, wenn das Einkommen des Unterhaltszahlers wesentlich höher ist als das des Empfängers. In diesem Fall ist die Steuerersparnis auf der einen Seite höher als die Steuerlast durch die Versteuerung der erhaltenen Unterhaltsleistungen auf der anderen Seite. Bezieht der Empfänger gar kein oder nur geringes eigenes Einkommen und kommt gar nicht in die Steuer, ist das Realsplitting besonders interessant.

Wichtig: Die Abzugsfähigkeit gilt ausschließlich für den Ehegattenunterhalt. Zahlungsverpflichtungen an die Kinder sind nicht begünstigt.

Praxis-Tipp:

Seit dem Veranlagungszeitraum 2015 muss die unterhaltleistende Person in ihrer Steuererklärung die Identifikationsnummer des Geschiedenen bzw. dauernd getrennt Lebenden, für den sie Unterhalt leistet, angeben. Die unterhaltene Person muss unbeschränkt oder beschränkt steuerpflichtig sein. Die ID-Nummer der unterhaltenen Person darf vom Unterhaltsleistenden beim Finanzamt erfragt werden.

Versorgungsausgleich

Seit 2008 können Leistungen aufgrund eines schuldrechtlichen Versorgungsausgleichs als Sonderausgaben berücksichtigt werden, wenn sie beim Empfänger versteuert werden. Die Höhe des Abzugs wird danach bestimmt, in welchem Umfang die der Leistung zugrunde liegenden Einnahmen der Besteuerung unterliegen. Liegt der Leistung beispielsweise eine nur mit dem Ertragsanteil steuerbare Leibrente zugrunde, mindert sich das zu versteuernde Einkommen nur in Höhe des Ertragsanteils. Soweit die Leistungen in voller Höhe der Besteuerung unterliegen, ist ein Abzug der Leistungen aufgrund eines schuldrechtlichen Versorgungsausgleichs ebenfalls in voller Höhe vorzunehmen.

Vorsorgeaufwendungen

Das Alterseinkünftegesetz führte zum 01.01.2005 zu einer völligen Neuordnung der Behandlung von Altersvorsorgebeiträgen als Sonderausgaben. Hintergrund ist die Einführung einer nachgelagerten Besteuerung in diesem Bereich. Das bedeutet, dass bis zum Jahr 2040 schrittweise die teilweise steuerfreie Auszahlung von Alterseinkünften aufgehoben wird. Gleichzeitig werden die während der Erwerbsphase gezahlten Beiträge stärker steuerfrei gestellt. Dies hat zur Folge, dass für Vorsorgeaufwendungen, die für die Altersvorsorge geleistet werden, andere Regelungen gelten als für die übrigen Vorsorgeaufwendungen. Neben den Beiträgen zur gesetzlichen Rentenversicherung können Sie Beiträge zu begünstigten, privaten Rentenversicherungen steuerlich geltend machen. Diese werden im Rahmen des sonst für Beiträge zur gesetzlichen Rentenversicherung geltenden Höchstbetrags berücksichtigt.

Eine private Rentenversicherung ist begünstigt, wenn sie nicht vor Beendigung des 60. Lebensjahres ausgezahlt wird und weder vererblich, übertragbar, beleihbar oder kapitalisierbar ist.

Des Weiteren sind Krankenversicherungsbeiträge unbeschränkt als Sonderausgaben abzugsfähig, wenn sie dazu bestimmt sind, ein „sozialhilfegleiches Versorgungsniveau“ zu erlangen. Außerdem können Beiträge zur gesetzlichen Pflegeversicherung (soziale und private Pflegeversicherung) in voller Höhe steuerlich geltend gemacht werden. Konkret bedeutet das, dass Steuerpflichtige, die in der gesetzlichen Krankenversicherung versichert sind, ihre Beiträge – mit Ausnahme der Beiträge, die auf einen Krankengeldanspruch entfallen – in voller Höhe abziehen können. Für den erworbenen Krankengeldanspruch wird eine pauschale Kürzung von 4 Prozent der Beiträge vorgenommen, sofern dem Steuerpflichtigen der Anspruch auf Krankengeld tatsächlich zusteht.

Für Rentner, die in der gesetzlichen Krankenversicherung versichert sind, bedeutet das, dass eine Kürzung unterbleibt, sofern sie nicht aus einer anderen Tätigkeit einen Anspruch auf Krankengeld erwerben.

Steuerpflichtige, die in einer privaten Krankenversicherung versichert sind, können diejenigen Beiträge unbeschränkt als Sonderausgaben abziehen, die nach Art, Umfang und Höhe den gesetzlichen Pflichtleistungen entsprechen. Beiträge für darüber hinausgehende Wahlleistungen (z. B. Chefarztbehandlung oder Einzelzimmer) sind dagegen nicht als Sonderausgaben abzugsfähig. Auch der für einen Krankengeldanspruch gezahlte Beitragsanteil ist analog zur gesetzlichen Krankenversicherung nicht abzugsfähig.

Vom Versicherungsnehmer geleistete Beiträge für den mitversicherten, nicht dauernd getrennt lebenden, unbeschränkt einkommensteuerpflichtigen Ehegatten sowie für jedes Kind, für das ein Anspruch auf einen Kinderfreibetrag bzw. Kindergeld besteht, werden ebenfalls als eigene Beiträge des Steuerpflichtigen berücksichtigt.

Beiträge zu Versicherungen gegen Arbeitslosigkeit, zu Erwerbs- und Berufsunfähigkeitsversicherungen, zu Unfall- und Haftpflichtversicherungen, zu Risikoversicherungen, die nur für den Todesfall eine Leistung vorsehen, sowie diejenigen Kranken- und Pflegeversicherungsbeiträge, die nicht unter die oben genannte Basisversorgung fallen, können darüber hinaus im Rahmen gewisser Höchstbeträge berücksichtigt werden – allerdings nur dann, wenn diese durch den Ansatz der Beiträge zur Basisversorgung noch nicht überschritten wurden.

Für Steuerpflichtige, die ganz oder teilweise ohne eigene Aufwen-
12 dungen einen Anspruch auf vollständige oder teilweise Erstattung
oder Übernahme von Krankheitskosten haben bzw. einen Zuschuss zur Krankenversicherung erhalten (z. B. sozialversicherungspflichtig beschäftigte Arbeitnehmer, Beamte und Rentner), beträgt der Höchstbetrag 1.900 Euro. Für Steuerpflichtige, die dieses Merkmal nicht erfüllen (z. B. Selbstständige, Angehörige von Beihilfeberechtigten und geringfügig Beschäftigte), erhöht sich der Höchstbetrag auf 2.800 Euro im Kalenderjahr.

Privatversicherte erhalten dazu von ihrem Unternehmen eine Beitragsbescheinigung. Versicherte sollten jedoch die ausgewiesenen

Beträge und steuerlichen Hinweise nicht einfach übernehmen. Soweit die Aufwendungen für die Kranken- und Pflegeversicherung die Höchstbeträge von 1.900 bzw. 2.800 Euro (bei Ehegatten das Doppelte) übersteigen, werden nur die Beiträge zur Basisabsicherung steuerlich berücksichtigt.

Für Privatversicherte bedeutet das, dass sie keine Zusatzleistungen wie Einbettzimmer oder Chefarztbehandlung steuerlich geltend machen können, wenn bereits mit den Beiträgen zur Sicherung einer Grundversorgung auf dem Niveau der gesetzlichen Krankenversicherung der Höchstbetrag erreicht wird.

Nur in bestimmten Fällen, beispielsweise bei niedrigen Aufwendungen für die Basisabsicherung, bei Ehepaaren oder bei Zuschüssen des Arbeitgebers, können die gesamten Beiträge zur Kranken- und Pflegeversicherung steuerlich abgesetzt werden.

In ihren Beitragsbescheinigungen weisen manche privaten Krankenversicherer fälschlicherweise jedoch nur einen Teil der Beiträge als steuerlich abzugsfähig aus. Wer in solchen Fällen der Bescheinigung seines Versicherers folgt, macht deshalb zu geringe Vorsorgeaufwendungen geltend und zahlt mehr Steuern als nötig.

> ***Praxis-Tipp:***
>
> *Zu beachten ist, dass letztmals für das Steuerjahr 2019 vom Finanzamt automatisch eine Vergleichsrechnung durchgeführt wird, ob das bis zum 31.12.2004 geltende oder das neue Recht günstiger ist. Der jeweils günstigere Betrag wird dann vom Finanzamt in Ansatz gebracht. Ab der Steuererklärung für das Jahr 2020 wird nur noch die neue Berechnungsmethode angewendet. Wichtig ist, dass Sie alle diesbezüglichen Aufwendungen im Formular erfassen.*

Kinderbetreuungskosten

Zwei Drittel der Aufwendungen für Dienstleistungen zur Betreuung eines zum Haushalt des Steuerpflichtigen gehörenden Kindes, welches das 14. Lebensjahr noch nicht vollendet hat oder wegen einer vor Vollendung des 25. Lebensjahres eingetretenen körperlichen, geistigen oder seelischen Behinderung außerstande ist, sich selbst zu unterhalten, können bis maximal 4.000 Euro pro Kind als Sonderausgaben abgezogen werden.

Begünstigte Aufwendungen sind Ausgaben für Dienstleistungen zur Betreuung eines Kindes. Hierzu zählen auch Fahrtkostenerstattungen an die Betreuungsperson. Eigene Fahrtkosten können hingegen nicht angesetzt werden.

Gefördert werden sollen solche Dienstleistungen, bei denen die behütende oder beaufsichtigende Betreuung, das heißt, die persönliche Fürsorge für das Kind im Vordergrund steht. Berücksichtigt werden können danach Aufwendungen für:

- die Unterbringung von Kindern in Kindergärten, Kindertagesstätten, Kinderhorten, Kinderheimen und Kinderkrippen sowie bei Tagesmüttern, Wochenmüttern und in Ganztagespflegestellen
- die Beschäftigung von Kinderpfleger/innen, Erzieher/innen und Kinderschwestern bzw. Kinderpflegern
- die Beschäftigung von Hilfen im Haushalt, wenn sie ein Kind betreuen

Nicht berücksichtigt werden Aufwendungen für:

- die Vermittlung besonderer Fähigkeiten (z. B. Musikunterricht)
- sportliche und andere Freizeitbetätigungen
- Nachhilfeunterricht
- Verpflegung des Kindes

Voraussetzung für den Abzug ist, dass Sie über die Aufwendungen eine Rechnung erhalten haben und die Zahlung auf ein Konto des Erbringers der Leistung erfolgt ist. Barzahlungen sind somit nicht absetzbar.

Schulgeld

Unter der Bedingung, dass Ihr Kind eine staatlich genehmigte oder nach Landesrecht erlaubte Ersatzschule oder eine nach Landesrecht anerkannte allgemeinbildende Ergänzungsschule besucht und Sie für dieses Kind einen Kinderfreibetrag oder Kindergeld erhalten, kann das Schulgeld als Sonderausgabe angesetzt werden. Abzugsfähig sind 30 Prozent des gezahlten Betrags – höchstens 5.000 Euro –, wobei im

Schulgeld enthaltene Aufwendungen für Betreuung, Beherbergung und Verpflegung insgesamt nicht ansetzbar sind.

Gezahlte Kirchensteuer

Zu den abziehbaren Kirchensteuern zählen die Geldleistungen, die eine steuerberechtigte Religionsgemeinschaft aufgrund gesetzlicher Bestimmungen von ihren Mitgliedern erhebt. Zusätzliche freiwillige Zahlungen an eine Religionsgemeinschaft können nicht unbegrenzt als Sonderausgaben abgezogen werden, sondern allenfalls im Rahmen des begrenzten Spendenabzugs. Bei der Berechnung der abziehbaren Kirchensteuern sind von den geleisteten Beträgen eines Jahres die im gleichen Jahr erstatteten Beträge abzuziehen.

Beispiel:

Frau Lieblich hat im Jahr 2022 insgesamt 315 EUR an Kirchensteuer im Rahmen des Lohnsteuerabzugs gezahlt. Im Rahmen der Einkommensteuererklärung für das Jahr 2021 wurden ihr im Jahr 2022 37 EUR erstattet. Für 2022 kann sie somit 278 EUR (315 EUR ./. 37 EUR) als Sonderausgaben geltend machen.

Aus dieser Systematik heraus ist es möglich, dass in einem Jahr mehr Kirchensteuer erstattet wird, als im gleichen Jahr gezahlt wurde. Dies hat zur Konsequenz, dass der Bescheid des die Erstattung betreffenden Jahres geändert wird, um nicht mehr Kirchensteuer zum Sonderausgabenabzug zuzulassen, als tatsächlich gezahlt wurde. In diesem Fall trägt das Finanzamt den Erstattungsüberhang seit 2012 nicht mehr in das Jahr zurück, in dem die erstattete Kirchensteuer entrichtet wurde, und ändert den damaligen Steuerbescheid. Vielmehr wird jetzt der Überhang dem Gesamtbetrag der Einkünfte des Erstattungsjahres hinzugerechnet und damit versteuert (§ 10 Abs. 4b EStG). 12

Beispiel:

Frau Lieblich hat im Jahr 2022 aus der Einkommensteuererklärung 2021 einen Erstattungsbetrag in Höhe von 450 EUR an Kirchensteuer erhalten, während sie 2022 nur 315 EUR gezahlt hat. 2022 kann sie somit keine

Kirchensteuer mehr als Sonderausgabe geltend machen. Gleichzeitig hat dies zur Folge, dass der überschießende Erstattungsbetrag in Höhe von 135 EUR sich aber auch nicht einkommenserhöhend auswirkt, während der 2020 erstattete Betrag als Zahlbetrag in 2021 bereits einkommensmindernd gewirkt hat. Das bedeutet, dass Frau Lieblich einen systembedingten Steuervorteil erhält, den die Finanzverwaltung nicht anerkennt. Aus diesem Grund wird der Steuerbescheid 2021 wieder geändert und das zu versteuernde Einkommen um 135 EUR erhöht, was eine Nachzahlung zur Folge hat. Laut einer Verfügung der OFD Frankfurt gilt jedoch eine Nichtaufgriffsgrenze, sodass erst bei einem Erstattungsüberhang von mehr als 200 EUR eine Änderung des betreffenden Steuerbescheids erfolgt.

Begünstigte Altersvorsorgeverträge (Riester-Rente)

Da zum jetzigen Zeitpunkt nur sehr wenige Rentner und Ruhestandsbeamte von einer Riester-Rente profitieren, wird auf eine ausführliche Darstellung verzichtet.

Begünstigte Spenden

Spenden für steuerbegünstigte Zwecke können bis zu einem Betrag von 20 Prozent des Gesamtbetrags der Einkünfte als Sonderausgaben abgezogen werden. Gleichzeitig können Spenden, die über den Höchstbetrag hinaus geleistet wurden, unbegrenzt in die Zukunft vorgetragen
12 werden.

Der Nachweis der Spende erfolgt über eine Spendenquittung, die der Empfänger der Zuwendung auszustellen hat. Aus der Quittung muss hervorgehen, um welche Art von Spende es sich handelt. In besonderen Fällen (z. B. bei Naturkatastrophen) reicht ein vereinfachter Nachweis durch Vorlage der Einzahlungsquittung, etwa des Kontoauszugs. Diese Fälle werden meist in der Tagespresse bekannt gemacht. Für eine Einzelzuwendung unter dem Betrag von 200 Euro reicht als Nachweis ebenfalls die Vorlage eines Einzahlungsbelegs oder der Buchungsbestätigung aus, wenn es sich beim Empfänger um eine Körperschaft des öffentlichen Rechts, eine öffentliche Dienststelle oder einen Spitzenverband der freien Wohlfahrtspflege handelt.

> ***Praxis-Tipp:***
>
> *Sollten Sie bei bestimmten Mitgliedsbeiträgen nicht wissen, ob diese ebenfalls als Spende abzugsfähig sind, reicht meist ein Blick auf die Beitragsquittung aus. So sind beispielsweise Beiträge zum Deutschen Roten Kreuz, zum VdK etc. abzugsfähig, während die Mitgliedsbeiträge des Sportvereins nicht abziehbar sind.*

Eine besondere Stellung nehmen die sogenannten Sachspenden ein. Diese werden immer dann geleistet, wenn Gegenstände (z. B. ausgediente Bekleidung) an gemeinnützige Institutionen abgegeben werden. In diesem Fall erhalten Sie eine Spendenquittung über den Wert der gespendeten Sachen.

> ***Praxis-Tipp:***
>
> *Folglich sollte man zum Beispiel Bekleidung nicht zur Straßensammlung geben, sondern gegen Spendenquittung direkt bei der entsprechenden Institution abgeben.*

Mitgliedsbeiträge und Spenden an politische Parteien

Mitgliedsbeiträge und Spenden an politische Parteien nehmen eine besondere Stellung innerhalb der Abzugsfähigkeit von Spenden ein. Vorrangig vor dem Abzug als Sonderausgabe kommt nämlich der direkte Steuerabzug zum Zuge. Das bedeutet, dass die Einkommensteuerschuld direkt um 50 Prozent der geleisteten Beträge gemindert wird. Maximal abziehbar sind so bei Ledigen 50 Prozent von 1.650 Euro, also 825 Euro, und bei zusammen veranlagten Ehegatten 50 Prozent von 3.300 Euro, das heißt 1.650 Euro.

Beispiel:

Der ledige Herr Merz ist Mitglied einer politischen Partei und zahlt einen jährlichen Beitrag in Höhe von 68 EUR. Im Rahmen seiner Einkommensteuerfestsetzung werden 50 %, das heißt 34 EUR, direkt von seiner festzusetzenden Einkommensteuer abgezogen. Letztendlich bedeutet das, dass der Fiskus den Mitgliedsbeitrag zu 50 % mitfinanziert.

Übersteigen die Mitgliedsbeiträge und Spenden den Höchstbetrag, sind die übersteigenden Beträge, wiederum begrenzt auf 1.650 Euro bzw. 3.300 Euro, als Sonderausgaben abzugsfähig.

Beispiel:

Herr Merz leistet neben seinem Beitrag in Höhe von 68 EUR eine Spende in Höhe von 2.500 EUR, insgesamt also 2.568 EUR. In einem ersten Schritt mindert sich seine Einkommensteuerschuld um 50 % von 1.650 EUR, das heißt um 825 EUR. Den nicht berücksichtigten Betrag in Höhe von 2.568 EUR ./. 1.650 EUR = 918 EUR kann er als Sonderausgaben geltend machen.

Verlustrücktrag und Verlustvortrag

Verluste können nur dann in späteren Jahren steuerlich geltend gemacht werden, wenn sie zuvor gesondert festgestellt worden sind. Ergibt sich zum Beispiel durch einen hohen Verlust aus einer selbstständig ausgeübten Nebentätigkeit bei der Ermittlung des Gesamtbetrags der Einkünfte ein negativer Betrag, ist dieser bis zu einer Höchstgrenze von 1 Mio. Euro, bei zusammen veranlagten Ehegatten bis zu 2 Mio. Euro im vorangegangenen Jahr im Rahmen des Verlustrücktrags zu berücksichtigen. Dabei kann beantragt werden, in welcher Höhe der Verlustrücktrag berücksichtigt werden soll. Der nicht berücksichtigte Betrag darf dann in zukünftigen Jahren vom Gesamtbetrag der Einkünfte abgezogen werden und mindert die Steuerlast zum gewünschten Zeitpunkt.

Ein negativer Gesamtbetrag der Einkünfte kann sich bei Rentnern beispielsweise ergeben, wenn Verluste aus einer gewerblichen Tätigkeit so hoch sind, dass die positiven Einkünfte aus anderen Einkunftsarten überkompensiert werden.

Um die Auswirkungen der Corona-Krise abzumildern, wurden die Höchstgrenzen des Verlustrücktrags für Verluste der Veranlagungszeiträume 2020 bis 2023 von 1 Mio. Euro auf 10 Mio. Euro bei Einzelveranlagung und von 2 Mio. Euro auf 20 Mio. Euro bei zusammen veranlagten Ehegatten angehoben.

Danach sollen die alten Werte wieder gelten.

Geplante Änderung ab 2023:

Derzeit ist der Vorschlag, dass der Verlustrücktrag ab Veranlagungszeitraum 2022 dauerhaft auf zwei Jahre ausgeweitet werden soll (bisher gilt nur ein Jahr), in der Gesetzgebung. Dafür soll die summenmäßige Begrenzung des Rücktrags abgeschafft werden. So kann nicht mehr steuersparend der Grundfreibetrag ausgenutzt werden.

Wichtig: Grundsätzlich besteht hinsichtlich der Verlustfeststellung Bindungswirkung durch den entsprechenden Einkommensteuerbescheid. Wird jedoch keine Einkommensteuerveranlagung für den Verlustentstehungszeitraum durchgeführt, besteht insofern auch keine Bindungswirkung.

§ **Bindungswirkung des Einkommensteuerbescheids**

Der BFH hat entschieden, dass die Bindungswirkung des Einkommensteuerbescheids nur dann greift, wenn für die entsprechenden Veranlagungszeiträume Einkommensteuererklärungen abgegeben wurden. Wurde für das Verlustentstehungsjahr keine Einkommensteuererklärung abgegeben, kann keine Bindungswirkung entstehen. Der Erlass eines Verlustfeststellungsbescheids ist in diesen Fällen weiterhin möglich. Für die Verlustfeststellung besteht keine allgemeine Erklärungspflicht. Daher greift die dreijährige Anlaufhemmung. Für eine nachträgliche Verlustfeststellung besteht bis zu sieben Jahren eine Nachholmöglichkeit.

Große Bedeutung hat diese Entscheidung insbesondere für Steuerpflichtige, die keine Einkommensteuererklärung abgegeben haben und bei denen die Festsetzungsverjährung für die Einkommensteuerveranlagung bereits eingetreten ist. Über diese Möglichkeit können nun Verluste z. B. hinsichtlich des Werbungskostenabzugs einer ersten Ausbildung doch noch festgestellt werden und so in künftigen Veranlagungszeiträumen die Steuerzahlerlast mindern.

Außergewöhnliche Belastungen

Außergewöhnliche Belastungen sind Aufwendungen, die dem Steuerzahler zwangsläufig dem Grunde und der Höhe nach entstehen. Zwangsläufigkeit ist gegeben, wenn man sich den Ausgaben aus rechtlichen, tatsächlichen oder sittlichen Gründen nicht entziehen kann.

Unterschieden wird zwischen den „Allgemeinen außergewöhnlichen Belastungen", die im Rahmen einer Belastungsgrenze („Zumutbare Belastung" auf Antrag vom Gesamtbetrag der Einkünfte abzuziehen sind, und den „Außergewöhnlichen Belastungen in besonderen Fällen". Letztere sind im Einkommensteuergesetz geregelte konkrete Fälle. Der Nachweis ist durch Vorlage von Belegen zu führen. Nachfolgend werden die allgemeinen außergewöhnlichen Belastungen und die außergewöhnlichen Belastungen in besonderen Fällen dargestellt. Daran schließt sich eine alphabetische Darstellung möglicher außergewöhnlicher Belastungen an, die für Rentner und Ruhestandsbeamte besonders bedeutsam sein können.

Allgemeine außergewöhnliche Belastungen

Allgemeine außergewöhnliche Belastungen können beispielsweise sein:

- Krankheitskosten
- Kosten einer künstlichen Befruchtung
- den Nachlass übersteigende Beerdigungskosten
- Kurkosten
- Tilgungen auf Schulden, welche infolge einer Krankheit entstanden sind
- Kosten für einen Zivilprozess bei hinreichenden Erfolgsaussichten

Bei den allgemeinen außergewöhnlichen Belastungen errechnet sich die zumutbare Belastung nach einem Prozentsatz Ihrer gesamten Einkünfte. Dabei werden der Familienstand sowie die Anzahl der Kinder berücksichtigt. Wie hoch Ihre individuelle zumutbare Belastung im Einzelfall ist, können Sie anhand der nachfolgenden Übersicht ermitteln:

Zumutbare Belastung	**Gesamtbetrag der Einkünfte**		
Stufengrenzbetrag	Stufe 1 bis 15.340 EUR	Stufe 2 bis 51.130 EUR	Stufe 3 über 51.130 EUR
bei Alleinstehenden ohne Kinder	5 %	6 %	7 %
bei Ehegatten ohne Kinder	4 %	5 %	6 %
bei Steuerpflichtigen mit 1 oder 2 Kindern	2 %	3 %	4 %
bei Steuerpflichtigen mit 3 oder mehr Kindern	1 %	1 %	2 %

Der BFH hat im Jahr 2017 die bisherige Berechnungsweise der zumutbaren Belastung geändert und ein **neues mehrstufiges Berechnungsverfahren** vorgegeben: Es darf jeweils nur noch der Teil des Gesamtbetrags der Einkünfte mit dem jeweils höheren Prozentsatz belastet werden, der den oben genannten Stufengrenzbetrag übersteigt. Der Prozentsatz für Stufe 3 erfasst beispielsweise nur den Teilbetrag der Einkünfte, der 51.130 Euro übersteigt. Für jeden Stufengrenzbetrag wird also die entsprechende zumutbare Belastung ermittelt und die ermittelten Beträge addiert (BFH, Urteil vom 19.01.2017, Az. VI R 75/14). Diese Entscheidung beruht auf dem Wortlaut der maßgebenden Vorschrift des § 33 Abs. 3 Satz 1 EStG, die für die Frage der Anwendung eines bestimmten Prozentsatzes gerade nicht auf den „gesamten Gesamtbetrag der Einkünfte" abstellt. Vielmehr bezieht sich der gesetzlich festgelegte Prozentsatz nur auf den Gesamtbetrag der Einkünfte in der Tabelle, in der sich auch die jeweilige Prozentzahl befindet.

Wichtig: Die Finanzämter prüfen aufgrund dieser Rechtsprechung seit September 2018 von Amts wegen die Einkommensteuerbescheide, die vom September 2013 bis Mitte Juni 2017 erlassen wurden. Sollte es wegen der neuen stufenweisen Berechnung für den Steuerpflichtigen zu Erstattungen kommen, erlässt das Finanzamt einen geänderten Steuerbescheid. Sie als Steuerpflichtiger müssen nicht tätig werden. Voraussetzung ist, dass Sie in den entsprechenden Jahren in Ihrer Steuererklärung die außergewöhnlichen Belastungen geltend gemacht haben. Seit Mitte Juni 2017 wenden die Finanzämter die geänderte Rechtsprechung automatisch bei der Veranlagung an.

Außergewöhnliche Belastungen in besonderen Fällen

Außergewöhnliche Belastungen in besonderen Fällen sind:

- Unterhaltsaufwendungen
- Sonderbedarf für die Berufsausbildung eines Kindes
- Behindertenpauschbetrag
- Hinterbliebenenpauschbetrag
- Pflegepauschbetrag

Unterhaltsaufwendungen

Gut verständlich formuliert das Einkommensteuergesetz in § 33a die Abzugsfähigkeit der Unterhaltsaufwendungen als außergewöhnliche Belastung:

§ **§ 33a Abs. 1 Satz 1 EStG (in der für das Steuerjahr 2022 geltenden Fassung)**

Erwachsen einem Steuerpflichtigen Aufwendungen für den Unterhalt und eine etwaige Berufsausbildung einer dem Steuerpflichtigen oder seinem Ehegatten gegenüber gesetzlich unterhaltsberechtigten Person, so wird auf Antrag die Einkommensteuer dadurch ermäßigt, dass die Aufwendungen bis zu 9.984 Euro im Kalenderjahr vom Gesamtbetrag der Einkünfte abgezogen werden.

Damit wird die Abzugsfähigkeit der Unterhaltsaufwendungen als außergewöhnliche Belastung geregelt.

Voraussetzung für den Abzug ist allerdings, dass weder Sie noch Ihr Ehegatte Anspruch auf Kindergeld oder einen Kinderfreibetrag haben, weil zum Beispiel Ihr studierender Sohn die Altersgrenze von 25 Jahren überschritten hat. Weiterhin darf der Empfänger der Unterstützung kein oder nur geringes Vermögen bis 15.500 Euro besitzen. Hat der Empfänger andere Einkünfte oder Bezüge, wird der Aufwendungsbetrag von 9.984 Euro um den Betrag gemindert, den die eigenen Einkünfte und Bezüge um 624 Euro je Kalenderjahr übersteigen. Seit 2010 können darüber hinaus Beiträge zur gesetzlichen Krankenversicherung und zur gesetzlichen Pflegeversicherung, die der Steuerpflichtige für die unterhaltene Person aufwendet, zusätzlich zum Höchstbetrag abgezogen werden.

Bei privat Versicherten sind die Beitragsanteile, die auf Versicherungsleistungen entfallen, die in Art, Umfang und Höhe den Leistungen der gesetzlichen Krankenversicherung vergleichbar sind (Basisabsicherung), abzugsfähig. Eine Ausnahme bildet das Krankentagegeld, welches dem Krankengeld der gesetzlichen Krankenversicherung entspricht.

Wichtig: Abzugsfähig sind nur Beiträge zur sogenannten Basisabsicherung; Beitragsanteile für Wahl- oder Sonderleistungen, wie etwa Chefarztbehandlung, Einbettzimmer, sowie für das Krankengeld und zählen nicht zu den abzugsfähigen Kosten.

Beispiel:

Herr Düren zahlt monatlich 800 EUR, somit 9.600 EUR im Kalenderjahr, an seine unterhaltsbedürftige Mutter. Die Mutter bezieht eigene Renteneinkünfte in Höhe von 2.000 EUR jährlich. Da er gegenüber der Mutter unterhaltspflichtig ist und keinen Anspruch auf Kindergeld oder Kinderfreibetrag für die Mutter hat, kann er die Unterhaltsleistungen im Rahmen der Höchstbetragsberechnungen abziehen. Da die Renteneinkünfte der Mutter den Betrag von 624 EUR um 1.376 EUR übersteigen, kann Herr Düren in seiner Einkommensteuererklärung 9.984 EUR ./. 1.376 EUR = 8.608 EUR als außergewöhnliche Belastung geltend machen.

> ***Praxis-Tipp:***
>
> *Werden Unterhaltsleistungen an den dauernd getrenntlebenden oder geschiedenen Ehegatten gezahlt und findet kein Realsplitting statt, fallen auch diese Leistungen unter die Abzugsfähigkeit als außergewöhnliche Belastung.*

Wichtig: Die Zahlung der Unterstützung muss durch Überweisungsbelege, Kontoauszüge etc. nachgewiesen werden.

Aufwendungen an Kinder können nur dann geltend gemacht werden, wenn kein Anspruch auf Kindergeld oder Kinderfreibetrag besteht. Dies ist regelmäßig dann der Fall, wenn das Kind freiwilligen Dienst in der Bundeswehr leistet. Aufwendungen an den Partner im Rahmen einer eheähnlichen Lebensgemeinschaft werden lediglich anerkannt, wenn dem Partner staatliche Unterstützungsleistungen im Hinblick auf das Zusammenleben verweigert werden.

Sonderbedarf für die Berufsausbildung eines Kindes

Befindet sich ein volljähriges Kind, für das Anspruch auf Kindergeld oder Kinderfreibetrag besteht, in Berufsausbildung und ist es auswärtig untergebracht, kommt der Abzug eines Freibetrags in Höhe von 924 Euro zum Tragen. Seit 2012 ist die Höhe der eigenen Einkünfte des Kindes nicht mehr zu beachten, sodass eine Minderung des Freibetrags nun nicht mehr erfolgt. Für jeden Monat, in welchem diese Voraussetzungen nicht vorgelegen haben, vermindert sich der Freibetrag um ein Zwölftel.

Behindertenpauschbetrag

Wegen der außergewöhnlichen Belastungen, die einem Menschen infolge einer Behinderung entstehen, kann er anstelle des Einzelnachweises einen Pauschbetrag in Abhängigkeit von Art und Schwere seiner Behinderung in Anspruch nehmen. Diese Pauschbeträge erhalten Menschen, mit einem Grad der Behinderung von mindestens 50.

Menschen mit einem Grad der Behinderung von weniger als 50, aber mindestens 25, erhalten die Pauschbeträge, wenn

- ihnen wegen ihrer Behinderung nach gesetzlichen Vorschriften Renten oder andere laufende Bezüge zustehen, auch dann, wenn das Recht auf die Bezüge ruht oder der Anspruch auf die Bezüge durch Zahlung eines Kapitals abgefunden worden ist,
- die Behinderung zu einer dauernden Einbuße der körperlichen Beweglichkeit geführt hat oder auf einer typischen Berufskrankheit beruht.

Die Höhe des Pauschbetrags richtet sich nach dem dauernden Grad der Behinderung. Als Pauschbeträge werden gewährt bei einem Grad der Behinderung (GdB)

von 20	348 EUR
von 30	620 EUR
von 50	860 EUR
von 50	1.140 EUR
von 60	1.440 EUR
von 70	1.780 EUR
von 80	2.120 EUR
von 90	2.460 EUR
von 100	2.840 EUR
Merkzeichen H, Bl, TBl, Pfelgegrad 4 oder 5	7.400 EUR

Für Menschen mit Behinderung, die hilflos sind, und für blinde Menschen (Merkzeichen H, Bl, TBl, Pflegegrad 4 oder 5) erhöht sich der Pauschbetrag auf 7.400 Euro.

Zusätzlich zu den Pauschbeträgen können Menschen, die einen Grad der Behinderung von mindestens 80 oder 70 haben und bei denen das Merkzeichen G im Behindertenausweis eingetragen ist, 3.000 km zu je 0,30 Euro ohne Einzelnachweis ansetzen, insgesamt 900 Euro. Ist im Behindertenausweis das Merkzeichen aG, Bl oder H eingetragen, können durch Fahrtenbuchnachweis bis zu 15.000 km à 0,30 Euro, somit 4.500 Euro, geltend gemacht werden. 12

Die für die Feststellung der Behinderung zuständige Stelle übermittelt die entsprechenden Nachweise elektronisch an die Finanzverwaltung, vgl. § 65 Abs. 3, 3a EStDV. Somit entfällt grundsätzlich die Vorlage der Unterlagen durch den Steuerpflichtigen. Soweit der Behindertenpauschbetrag nicht erstmals geltend gemacht wird, soll es ausreichen, die entsprechenden Unterlagen vorzuhalten und erst auf Verlangen der Finanzbehörde vorzulegen.

Hinterbliebenenpauschbetrag

Steuerpflichtige, denen laufende Hinterbliebenenbezüge bewilligt worden sind, erhalten auf Antrag einen Pauschbetrag von 370 Euro. Dieser wird auch dann gewährt, wenn das Recht auf die Bezüge ruht oder der Anspruch auf die Bezüge durch Zahlung eines Kapitals abgefunden worden ist.

> ***Praxis-Tipp:***
>
> *Steht der Behindertenpauschbetrag oder der Hinterbliebenenpauschbetrag einem Kind zu, für das Sie Kindergeld oder einen Kinderfreibetrag erhalten, und wird der Freibetrag vom Kind nicht in Anspruch genommen, können beide Beträge auf Antrag auf Sie übertragen und von Ihnen geltend gemacht werden.*

Pflegepauschbetrag

Erwachsen einem Steuerpflichtigen außergewöhnliche Belastungen durch die Pflege einer Person, die nicht nur vorübergehend hilflos ist, kann er anstelle des Einzelnachweises von Aufwendungen einen Pauschbetrag von

bei Pflegegrad 2	600 EUR
bei Pflegegrad 3	1.100 EUR
bei Pflegegrad 4 oder 5	1.800 EUR

Ein Pflegepauschbetrag von 1.800 Euro wird auch gewährt, wenn die gepflegte Person hilflos ist. Der pflegepauschbetrag kann jedoch nur geltend gemacht werden, wenn die pflegende Person für die Pflege keine Einnahmen erhält. Nicht zu diesen Einnahmen zählt das von den Eltern eines Kindes mit Behinderung für dieses Kind empfangene Pflegegeld. Voraussetzung ist, dass der Steuerpflichtige die Pflege im

Inland entweder in seiner Wohnung oder in der Wohnung des Pflegebedürftigen persönlich durchführt.

ABC der wichtigsten außergewöhnlichen Belastungen

Altenheim

Die für die eigene altersbedingte Unterbringung erwachsenden Aufwendungen in einem Seniorenheim sind grundsätzlich nicht abziehbar. Dagegen sind Kosten für die eigene krankheits- oder behinderungsbedingte Unterbringung in einem Seniorenheim, abzüglich der Haushaltsersparnis und der Pflegezulage nach § 35 BVG, als außergewöhnliche Belastung berücksichtigungsfähig. Nach Auffassung der Finanzverwaltung soll der Abzug von dem Zeitpunkt an zulässig sein, ab dem mindestens der Pflegegrad 2 für den Rentner/Pensionär festgestellt worden ist. Eine differenzierte Beurteilung lässt sich der neuesten Rechtsprechung des BFH nur für gesondert in Rechnung gestellte Pflegesätze bei Personen des Pflegegrads 2 entnehmen, wenn diese Sätze zwischen Heim und Sozialhilfeträger vereinbart sind.

Baumaßnahmen

Falls die Baumaßnahmen in einer Mietwohnung durch Krankheit oder Behinderung veranlasst sind, können die Aufwendungen als außergewöhnliche Belastungen geltend gemacht werden. Voraussetzung ist allerdings, dass im Ergebnis ein verlorener Aufwand vorliegen muss, folglich kein Gegenwert entstehen darf. Das Gleiche gilt für Umbauten im Eigenheim. Aufwendungen für die Schaffung eines behindertengerechten Zugangs und den Einbau eines Aufzugs in ein Eigenheim werden dagegen mit der Begründung, es sei ein Gegenwert entstanden, nicht als Belastung anerkannt. Ausnahme: der Treppenschräglift, da dieser ausschließlich von kranken oder behinderten Menschen genutzt wird.

Beerdigungskosten

Beerdigungskosten können als außergewöhnliche Belastungen steuerlich anerkannt werden, wenn die Übernahme der Beerdigungskosten für Sie zwangsläufig ist. Das ist der Fall, wenn Sie dem Verstorbenen aus rechtlichen Gründen unterhaltsverpflichtet waren. Das sind Sie insbesondere gegenüber Ehegatten, Kindern und Eltern. Übernehmen Sie für einen mittellosen, nicht unterhaltsberechtigten Angehörigen die Beerdigungskosten, kann die Übernahme aus sittlichen Gründen zwangsläufig sein.

Grundsätzlich wird zunächst der Verkehrswert des Nachlasses des Verstorbenen herangezogen, um seine unmittelbaren Beerdigungskosten zu zahlen.

Nur, soweit der Verkehrswert des Nachlasses nicht ausreicht, um die Beerdigungskosten zu decken, liegen außergewöhnliche Belastungen vor. Dies gilt auch für die Beerdigungskosten Ihres verstorbenen Ehepartners.

Kostenerstattungen Dritter, wie etwa Versicherungen, Beihilfeleistungen vom Arbeitgeber, Sterbegeld von der Krankenkasse oder Ähnliches, werden angerechnet.

Es sind jedoch nur solche Aufwendungen abziehbar, die unmittelbar mit der eigentlichen Beerdigung zusammenhängen, notwendig und angemessen sind und nicht zu Lebzeiten des Verstorbenen erfolgt sind.

Zu diesen notwendigen Aufwendungen zählen beispielsweise Kosten für die eigentliche Bestattung (Sarg, Totenwäsche, Bestattungsinstitut, Blumenschmuck, Gebühren, Todesanzeigen usw.), Erwerbskosten einer

Grabstätte, des Grabsteins, die Erfüllung von Nachlassverbindlichkeiten, Kosten für den Transport der Möbel des Verstorbenen im Rahmen der Auflösung des Mietverhältnisses sowie Fahrtkosten, die im Zusammenhang mit der Beerdigung angefallen sind, zum Beispiel zu Ämtern und Behörden, dem Pfarrer oder dem Bestattungsinstitut.

Nicht abziehbar sind mittelbare Aufwendungen, beispielsweise für Trauerkleidung, Leichenschmaus, Kosten der Grabpflege oder Notarkosten (Testamentserrichtung, Vorsorgevollmacht oder Patientenverfügung).

Besuchsfahrten

Aufwendungen für die üblichen Besuchsfahrten zu nahen Angehörigen sind in der Regel nicht abziehbar. Das gilt auch dann, wenn der Angehörige erkrankt und pflegebedürftig ist und die Fahrten in kürzeren Abständen – auch über eine größere Entfernung – durchgeführt werden. Nur unter ganz besonderen Umständen werden solche Aufwendungen als außergewöhnliche Belastung anerkannt. So können die Kosten für Besuchsreisen abgezogen werden, wenn der Besuch medizinisch indiziert und unmittelbar der Heilung oder Linderung der Krankheit dient.

Betreuung

In den Fällen einer krankheitsbedingten Betreuung sind die Vergütungen an den Betreuer als außergewöhnliche Belastung berücksichtigungsfähig. Aufwendungen für einen Betreuer oder Vormund, der ausschließlich im Bereich der Personenfürsorge tätig wird, sind als außergewöhnliche Belastungen abziehbar. Übt ein Vormund oder Betreuer sowohl Vermögens- als auch Personenfürsorge aus, ist die Vergütung im Schätzungsweg in Betriebsausgaben/Werbungskosten einerseits und außergewöhnliche Belastung andererseits aufzuteilen. Vergütungen für einen ausschließlich zur Vermögensfürsorge bestellten Vormund oder Betreuer sind keine außergewöhnliche Belastung, sondern Werbungskosten/Betriebsausgaben. Aufwendungen für einen Ergänzungspfleger sind keine außergewöhnliche Belastung.

Bewegungsbad im eigenen Haus

Die Betriebskosten eines Schwimm- und Bewegungsbads im eigenen Haus stellen ausnahmsweise eine außergewöhnliche Belastung dar, wenn es sich nicht um ein normales Schwimmbecken, sondern um ein Bewegungsbad handelt. Die krankheitsbedingte Notwendigkeit der Benutzung des häuslichen Schwimmbads muss durch amtsärztliche Bescheinigung nachgewiesen werden.

Blinde Personen

Blinde Menschen (auch Taubblinde) erhalten zur Abgeltung ihrer durch die Blindheit veranlassten Aufwendungen einen steuerfreien Pauschbetrag von 7.400 Euro jährlich.

Fahrtkosten

Aufwendungen für die Fahrten eines schwer geh- und stehbehinderten Menschen sind – neben dem Behindertenpauschbetrag – in angemessenem Umfang berücksichtigungsfähig. Dies umfasst sowohl die unvermeidbaren Fahrten zur Erledigung privater Angelegenheiten als auch in angemessenem Rahmen die Kosten von Erholungs-, Freizeit- und Besuchsfahrten.

Gartenarbeit

Die Aufwendungen für die Tätigkeit eines Gartenbauunternehmens können bei den Steuerermäßigungen geltend gemacht werden (vgl. Kapitel 13 Abschnitt „Steuerermäßigungen"). Außergewöhnliche Belastungen liegen keine vor.

Kraftfahrzeugunfall

Aufwendungen für die Behandlung von Verletzungen, die ein Rentner oder Pensionär bei einem Verkehrsunfall erlitten hat, sind in gleichem Umfang wie Krankheitskosten außergewöhnliche Belastungen. Aufwendungen für Sachschäden, insbesondere die Aufwendungen für die Reparatur des Kraftfahrzeugs, sind nicht abziehbar.

Krankheitskosten

Arznei- und Hilfsmittel

Aufwendungen für Arzneimittel – auch für nicht rezeptpflichtige Medikamente – sowie für allgemeine Stärkungsmittel sind abziehbar, wenn eine vor der Behandlung ausgestellte schriftliche ärztliche Verordnung vorliegt.

Aufwendungen für Frischzellenbehandlung und ähnliche, von der Schulmedizin nicht einhellig anerkannte Therapien, werden nur berücksichtigt, wenn die medizinische Indikation dieser Behandlung im Einzelfall durch ein vor ihrem Beginn erstelltes amtsärztliches Zeugnis nachgewiesen ist. Die Aufwendungen für „Bagatell-Arzneimittel" sollen nur dann berücksichtigt werden können, wenn zu deren Anwendung die medizinische Indikation bescheinigt wird. Hierunter fallen etwa Mittel gegen Austrocknen der Haut (Altershaut), leichte Schlafmittel, Knoblauchpillen usw. Bei einer unheilbaren Krankheit können auch Aufwendungen für (noch) nicht zugelassene Medikamente berücksichtigungsfähig sein.

Auf Privatverordnung beruhende Aufwendungen für Schmerzmittel in ungewöhnlich großem Umfang sind nur abziehbar, wenn die Krankenversicherung den Ersatz trotz schriftlicher Aufforderung abgelehnt hat.

Berücksichtigungsfähig sind Aufwendungen für krankheitsbedingte Sonderformen der Kleidung (z. B. orthopädische Schuhe) sowie für technische Hilfsmittel, wenn sie von Ärzten oder anderen zur Ausübung der Heilkunde zugelassenen Personen schriftlich verordnet sind, zum Beispiel Blindencomputer, Prothesen, Einlagen, Brillen, Hörgeräte, Bruchbänder, Zahnprothesen etc.

Die Zwangsläufigkeit von Aufwendungen für medizinische Hilfsmittel, die sowohl von Kranken zur Linderung ihrer Leiden als auch von Gesunden zur Steigerung der Lebensqualität angeschafft werden, ist durch Vorlage eines vor dem Kauf erstellten amts- oder vertrauensärztlichen Attests nachzuweisen, wobei Aufwendungen für medizinische Fachliteratur nicht abziehbar sind. Die Kosten eines Haartoupets werden nur in besonderen Ausnahmefällen anerkannt.

Arztkosten

Aufwendungen für die medizinische Behandlung durch Angehörige der staatlich anerkannten Heilberufe (Ärzte, Heilpraktiker, Krankengymnasten, Psychotherapeuten) sind abziehbar. Bei ambulanter Behandlung durch einen auswärtigen Arzt können auch die Kosten für Fahrt und Unterkunft abziehbar sein, wenn der Aufenthalt nur der Behandlung der Krankheit dient.

Aufwendungen für eine Heilbehandlung, für die die Kostenerstattung durch die Krankenkasse ausgeschlossen ist, werden unter Umständen anerkannt. Dasselbe gilt für eine psychotherapeutische Behandlung eines Heilpraktikers. Allerdings reicht allein die Bescheinigung des behandelnden Heilpraktikers über die medizinische Indikation der Behandlung als Nachweis nicht aus. Nicht abziehbar sind die Kosten für Wunderheiler. Auch die Kosten einer Schönheitsoperation oder Haartransplantation werden, soweit nicht ausnahmsweise medizinisch indiziert, nicht berücksichtigt.

Augen-Laser-Operation

Aufwendungen für chirurgische Hornhautkorrekturen durch Laserbehandlung sind grundsätzlich nur bei medizinischer Indikation als Krankheitskosten abziehbar.

Begleitbedürftigkeit

Aufwendungen für die ständige Begleitung können als außergewöhnliche Belastung abziehbar sein, wenn die Begleitbedürftigkeit ein amtsärztliches Gutachten oder Feststellungen im Schwerbehindertenausweis nachweisen.

Fettabsaugung

Aufwendungen für eine operative Fettabsaugung kommen als außergewöhnliche Belastung in Betracht, wenn sich aus dem vor Beginn der Maßnahme eingeholten amts- oder vertrauensärztlichen Gutachten zweifelsfrei die medizinische Indikation der Operation ergibt.

Folgekosten

Müssen nach einer Krankheit, Abmagerungs- oder Entziehungskur oder wegen besonderer Körpergröße neue oder ungewöhnliche Kleidungsstücke beschafft werden, gehören die Aufwendungen als bloße Folgekosten nach der bisherigen Rechtsprechung nicht zu den außergewöhnlichen Belastungen.

Heimdialyse

Entstehen einem Heimdialyse-Patienten höhere Aufwendungen, als sie durch den Behindertenpauschbetrag abgegolten werden, sind die übersteigenden Kosten als außergewöhnliche Belastung zu berücksichtigen.

Krankenhauskosten

Krankenhauskosten – auch für Einbettzimmer – einschließlich der eigenen Beiträge sind abziehbar, soweit nicht eine Erstattung aufgrund von Kranken- und Krankenhaustagegeldversicherungen erfolgt. Krankentagegelder werden nicht gegengerechnet, ebenso wenig die Haushaltsersparnis. Nach der geänderten Rechtsprechung des BFH gehören Trinkgelder mangels Zwangsläufigkeit nicht zu den unmittelbaren Krankheitskosten und stellen keine außergewöhnliche Belastung dar. Aufwendungen für die Benutzung eines Telefon- oder Fernsehapparats im Krankenzimmer werden als bloße Folgekosten einer Krankheit nicht berücksichtigt.

Krebsnachbehandlung

Nicht erstattungsfähige Aufwendungen für eine naturheilkundliche Krebsnachbehandlung wurden mangels Zwangsläufigkeit nicht als außergewöhnliche Belastung anerkannt.

Psychoanalyse/Psychotherapie

Aufwendungen für Psychoanalyse, Psychotherapie, Selbsterfahrungsgruppen sind abziehbar, wenn die Teilnahme hieran ärztlich verordnet ist. Entsprechendes gilt für den Besuch der Gruppe „Anonyme Alkoholiker“.

Der Nachweis von Zwangsläufigkeit, Notwendigkeit und Angemessenheit der Aufwendungen für eine psychotherapeutische Behandlung ist durch ein amtsärztliches Attest vor Beginn der Behandlung zu führen.

Sport

Aufwendungen für Kranken- und Heilgymnastik sind bei ärztlicher Verordnung abziehbar, nicht hingegen die Aufwendungen für die Ausübung eines normalen Sports; anders dann, wenn eine amts- oder vertrauensärztliche Bescheinigung über die Notwendigkeit sowie über Art und Umfang der sportlichen Betätigung vorliegt und der Sport unter ärztlicher Anleitung und Aufsicht ausgeübt wird.

Suchtkrankheiten

Aufwendungen zur Therapie von Suchtkrankheiten sind in der Regel abziehbar, soweit diese medizinisch indiziert sind. So wurde dies beispielsweise bejaht bei Alkoholismus für den Besuch einer Alkoholikergruppe und für Spielsucht.

Zum Nachweis der medizinischen Notwendigkeit ist grundsätzlich die Vorlage eines vor Beginn von therapeutischen Maßnahmen ausgestellten amts- oder vertrauensärztlichen Zeugnisses erforderlich.

Kurkosten

Aufwendungen für eine Heilkur sind abziehbar, wenn und soweit ihre Zwangsläufigkeit nachgewiesen ist. Dies setzt voraus, dass die Reise nachweislich zur Heilung oder Linderung der Krankheit notwendig ist, eine andere Behandlung nicht oder kaum Erfolg versprechend erscheint und die verordneten Kurmaßnahmen am Kurort unter ärztlicher Aufsicht verabreicht werden.

An den Nachweis der medizinischen Notwendigkeit werden ungewöhnlich hohe Anforderungen gestellt, da die Abgrenzung zu den ebenfalls gesundheitsfördernden, jedoch steuerlich nicht abziehbaren Aufwendungen einer Erholungsreise oder eines Badeurlaubs schwierig ist.

Eine schriftliche Verordnung nur des Hausarztes ist nicht ausreichend. In der Regel verlangt das Finanzamt ein vor Antritt der Heilkur ausgestelltes amtsärztliches Zeugnis. An dieser Voraussetzung hat der BFH trotz kritischer Äußerungen in Schrifttum und Rechtsprechung der Finanzgerichte erneut festgehalten. Von der Vorlage eines amtsärztlichen Zeugnisses kann abgesehen werden, wenn eine gesetzliche Krankenkasse aufgrund der Prüfung durch ihren Medizinischen Dienst einen Zuschuss zu den Kosten der Unterkunft und Verpflegung für den Kuraufenthalt gewährt. Aus der amtsärztlichen Bescheinigung müssen sich Notwendigkeit und Dauer der Reise, das Reiseziel sowie die Art der Kuraufwendungen ergeben. Besonderheiten gelten für:

Klimakuren

Bei diesen bewirkt allein der Klimawechsel die Heilung oder Linderung der Krankheit. Aufwendungen hierfür werden wegen ihrer Nähe zu Erholungsreisen nur in Ausnahmefällen anerkennt.

Für den Nachweis der Zwangsläufigkeit wird hier verlangt, dass die vor Reiseantritt ausgestellte amtsärztliche Bescheinigung den aus medizinischen Gründen gebotenen Kurort ausdrücklich nennt.

Anerkannt wurden die Aufwendungen für Klimakuren insbesondere bei schweren Erkrankungen der Luftwege, bei Neurodermitis sowie Schuppenflechte.

Vorsorgekuren

Aufwendungen hierfür sind, soweit sie der allgemeinen Gesundheitsvorsorge dienen, nicht abziehbar.

Soweit die Aufwendungen nachweislich der Abwendung einer konkreten Gefahr dienen, sollen sie abziehbar sein. Die weitere Entwicklung der Rechtsprechung bleibt abzuwarten.

Nachkuren

Aufwendungen hierfür sollen im Allgemeinen nicht als außergewöhnliche Belastung abziehbar sein, selbst wenn die Nachkur amtsärztlich verordnet ist. Eine Ausnahme könnte für die Aufwendungen einer unter ständiger ärztlicher Aufsicht in einer besonderen Reha-Klinik im Anschluss an einen Krankenhausaufenthalt durchgeführte Anschlussheilbehandlung gelten.

Abziehbare Kurkosten

Abziehbar sind die durch das Heilverfahren selbst veranlassten Aufwendungen, das heißt die Kosten für Arzt, Kurmittel, Kurtaxe. Sie sind – ebenso wie zwangsläufige Krankheitskosten allgemein – auch dann berücksichtigungsfähig, wenn die Kurkosten im Übrigen nicht als außergewöhnliche Belastung anerkannt werden. Darüber hinaus sind die Kosten der Unterbringung und Verpflegung abziehbar. Anders als bei einem Krankenhausaufenthalt ist eine Haushaltsersparnis in Höhe von einem Fünftel der Aufwendungen abzuziehen.

Bei den Fahrtkosten werden normalerweise die Kosten der öffentlichen Verkehrsmittel angesetzt. Höhere Kosten des eigenen Pkw werden anerkannt, wenn dem Steuerpflichtigen wegen seiner Krankheit, insbesondere wegen schwerer Geh- und Stehbehinderung oder aus sonstigen Gründen die Benutzung öffentlicher Verkehrsmittel nicht zugemutet werden kann. Erleidet ein Rentner oder Pensionär auf dem Weg von der ärztlich verordneten Kur nach Hause einen Autounfall, kann er die dadurch veranlassten Aufwendungen nicht als außergewöhnliche Belastung geltend machen, wenn er die Fahrt auch mit öffentlichen Verkehrsmitteln hätte durchführen können.

Kosten für eine Begleitperson sind abziehbar, wenn die krankheits- oder altersbedingte Notwendigkeit der Begleitung durch ein vor Antritt der Reise eingeholtes amtsärztliches Gutachten oder eine andere diesem gleichzustellende Bescheinigung nachgewiesen wird. Nur bei offensichtlicher Notwendigkeit einer Begleitperson ist das Attest verzichtbar.

Unterscheidet sich die Reise mit einem schwerbehinderten Kind – abgesehen von den besonderen behinderungsbedingten Erschwernissen – nicht von einem üblichen Familien-/Erholungsurlaub, sind die auf die Begleitperson entfallenden Reisekosten keine außergewöhnliche Belastung.

Bei einer Kur im Ausland können in der Regel die Kosten nur in der Höhe abgezogen werden, wie sie bei einer entsprechenden Kur im Inland entstanden wären. Ausnahme: Sie weisen nach, dass die Kur aus medizinischen Gründen gerade an dem betreffenden Ort im Ausland erforderlich war.

Aufwendungen für Besuchsfahrten zu einem Angehörigen, der eine Kur durchführt, sind abziehbar, wenn Besuche aus medizinischen Gründen erforderlich sind, etwa bei einem Kind oder bei einem psychisch erkrankten Angehörigen.

Pflegekosten

Betreuen Sie oder Ihr Ehegatte pflegebedürftige Angehörige im Sinne des § 15 AO (Kinder, Eltern, Groß-, Schwieger-, Pflegeeltern, Geschwister, Onkel, Tante usw.), setzt die Anerkennung als außergewöhnliche Belastung voraus, dass die Kostenübernahme für Sie zwangsläufig und der Angehörige bedürftig ist.

Die Zwangsläufigkeit kann für Sie aus rechtlichen oder sittlichen Gründen gegeben sein.

Ihr Angehöriger ist bedürftig, wenn er sein Existenzminimum in Höhe des Unterhaltshöchstbetrags mit seinen eigenen Mitteln (Einkünfte, Bezüge und Vermögen) nach Abzug der Haushaltsersparnis und einem Betrag von 1.550 Euro nicht selbst tragen kann.

Prozesskosten

Seit 2013 sind grundsätzlich sämtliche Aufwendungen für die Führung eines Rechtsstreits jeder Art vom Abzug als außergewöhnliche Belastung ausgeschlossen.

Von diesem Abzugsverbot wird nur dann eine Ausnahme gemacht, wenn der Prozess unumgänglich ist. Das ist dann der Fall, wenn der Steuerpflichtige ansonsten Gefahr liefe, seine Existenzgrundlage zu verlieren und seine lebensnotwendigen Bedürfnisse in dem üblichen Rahmen nicht mehr befriedigen zu können.

Prozesskosten sind insbesondere Anwalts- und Gerichtskosten sowie Fahrtkosten. Keine Prozesskosten sind Geldstrafen, Buß- und Ordnungsgelder.

§ **Keine Abziehbarkeit von Scheidungskosten:**

Lange Zeit war strittig, ob Scheidungskosten als außergewöhnliche Belastung abziehbar sind.

Der BFH hat mit Urteil vom 18.05.2017, Az. VI R 9/16, entschieden, dass Scheidungskosten seit der Änderung des § 33 EStG 2013 nicht mehr als außergewöhnliche Belastung abziehbar sind.

Urlaubsbegleitung

Menschen mit Behinderungen, bei denen die Notwendigkeit einer ständigen Begleitung nachgewiesen ist, können Mehraufwendungen auf einer Urlaubsreise für die Kosten der Fahrt, Verpflegung und Unterbringung der Begleitperson bis zu 767 Euro neben dem Behindertenpauschbetrag geltend machen.

13.

Vom Einkommen zum zu versteuernden Einkommen

Freibeträge für Kinder

Das zu versteuernde Einkommen ermitteln Sie, indem Sie die Freibeträge für Kinder sowie den Härteausgleich vom Einkommen abziehen.

Bei der Veranlagung zur Einkommensteuer wird für jedes zu berücksichtigende Kind des Steuerpflichtigen ein Freibetrag von 2.730 Euro (2020: 2.586 Euro) für das sächliche Existenzminimum des Kindes (Kinderfreibetrag) sowie ein Freibetrag von 1.464 Euro für den Betreuungs- und Erziehungs- oder Ausbildungsbedarf des Kindes vom Einkommen abgezogen. Bei zusammen veranlagten Ehegatten verdoppeln sich die Beträge, wenn das Kind zu beiden Ehegatten in einem Kindschaftsverhältnis steht.

Die Beträge stehen Ihnen auch dann zu, wenn der andere Elternteil verstorben ist, Sie das Kind adoptiert haben oder das Kind zu Ihnen in einem Pflegschaftsverhältnis steht.

Zu berücksichtigende Kinder sind leibliche Kinder, Pflegekinder und in den Haushalt aufgenommene Stief- und **Enkelkinder**. Sie werden ab dem Kalendermonat berücksichtigt, in dem sie geboren sind. Ab Vollendung des 18. Lebensjahres endet grundsätzlich die Berücksichtigung. Für jeden Monat eines Veranlagungszeitraums, in welchem die Voraussetzungen nicht erfüllt sind, werden die Freibeträge um 1/12 gekürzt.

Kinder, die das 18. Lebensjahr vollendet haben, werden berücksichtigt, wenn sie entweder

1. das 21. Lebensjahr noch nicht vollendet haben, nicht in einem Beschäftigungsverhältnis stehen und bei der Bundesagentur für Arbeit als arbeitsuchend gemeldet sind oder
2. das 25. Lebensjahr noch nicht vollendet haben und
   - für einen Beruf ausgebildet werden oder
   - sich in einer Übergangszeit von höchstens vier Monaten
     - zwischen zwei Ausbildungsabschnitten oder
     - zur Ableistung eines freiwilligen Dienstes befinden oder
     - zwischen einem Ausbildungsabschnitt und einer befreienden Tätigkeit als Entwicklungshelfer oder
     - als Dienstleistender im Ausland befinden

- eine Berufsausbildung mangels Ausbildungsplatz nicht beginnen oder fortsetzen können oder
- einen Freiwilligendienst leisten

3. wegen körperlicher, geistiger oder seelischer Behinderung außerstande sind, sich selbst zu unterhalten und die Behinderung vor dem 25. Lebensjahr eingetreten ist.

Wichtig: Seit 2012 spielt es für die Gewährung der Begünstigungen keine Rolle mehr, ob das Kind selbst bestimmte Einkommensgrenzen überschreitet.
Zu beachten ist jedoch, dass ein Kind nach Abschluss einer erstmaligen Berufsausbildung oder eines Erststudiums nur berücksichtigt werden kann, wenn es keiner Erwerbstätigkeit nachgeht. Dabei ist eine Erwerbstätigkeit bis zu 20 Stunden wöchentlich, ein Ausbildungsdienstverhältnis oder aber ein geringfügiges Beschäftigungsverhältnis unschädlich.

Die Freibeträge für Kinder kommen nur dann zum Zuge, wenn die daraus resultierende Steuerentlastung höher ist als das erhaltene Kindergeld. Somit haben sie für die Bemessung der Einkommensteuer nur noch eine untergeordnete Bedeutung.

Wichtig sind die Freibeträge für Kinder jedoch bei der Berechnung von Kirchensteuer und Solidaritätszuschlag, da sie hier die Bemessungsgrundlage mindern und somit zu einer niedrigeren Steuerlast führen.

§ **Eltern/Großeltern von Zeitsoldaten:**

Der BFH mit Urteil vom 10.05.2012 (Az. VI R 72/11) hat entschieden, dass ein Zeitsoldat, der für eine spätere Verwendung als Mannschaftsdienstgrad ausgebildet wird, sich in einer Berufsausbildung befindet. Im entschiedenen Fall wurde der Sohn der Klägerin im Dienstgrad Schütze mit einer Verpflichtungsdauer von vier Jahren eingestellt, um als Kraftfahrer ausgebildet und später eingesetzt zu werden. Der BFH entschied, dass es sich hierbei um eine Berufsausbildung handelt, sodass er weiter als Kind im Sinne des Einkommensteuergesetzes anzuerkennen sei. Begründet wird diese Rechtsauffassung damit, dass ein Zeitsoldat sich dann in Berufsausbildung befindet, wenn er nicht lediglich im Mannschaftsdienstgrad Dienst leistet, sondern tatsächlich eine Ausbildung erhält.

Im entschiedenen Fall hatte dies zum Teil noch keine Auswirkung, weil die seinerzeitig geltenden Einkommensgrenzen überschritten wurden. Da diese, wie oben beschrieben, jedoch seit 2012 weggefallen sind, hat das zitierte Urteil weitreichende Konsequenzen. Denn nun dürfte den Eltern jedes Zeitsoldaten unter den oben genannten Bedingungen (Alter etc.) bis zum Abschluss der Erstausbildung oder eines Erststudiums weiter Kindergeld zustehen, wenn eine Ausbildung tatsächlich stattfindet. Schwierig wird es in der Praxis zu bestimmen sein, wann bei einem Soldaten eine Erstausbildung abgeschlossen ist. Darüber hinaus bleibt abzuwarten, wie der Gesetzgeber auf dieses Urteil reagiert.

Härteausgleich

Beziehen Sie neben Einkünften aus nichtselbstständiger Arbeit (Arbeitslohn, Versorgungsbezüge) weitere Einkünfte, beispielsweise aus einer gewerblichen Tätigkeit, von denen kein Lohnsteuerabzug vorgenommen wurde, werden diese besteuert, wenn sie 410 Euro im Kalenderjahr übersteigen.

Wird dieser Betrag überschritten, mindert sich der Betrag von 410 Euro um den Betrag, um den er überschritten wird. Somit sind die genannten Einkünfte dann voll steuerpflichtig, wenn sie mehr als 820 Euro betragen.

Beispiel:

Aus einer Vermittlung haben Sie eine Provision in Höhe von 700 EUR erhalten. Der Betrag überschreitet die 410 EUR um 290 EUR. Der Freibetrag vermindert sich folglich um 290 EUR auf 120 EUR. Von der Provision in Höhe von 700 EUR sind nur 580 EUR zu versteuern.

Steuerermäßigungen für bestimmte Arbeiten im privaten Haushalt

„Steuerermäßigung“ bedeutet, dass bestimmte Beträge unmittelbar von der Steuerschuld abgezogen werden können und diese somit direkt mindern. Werbungskosten, Sonderausgaben und außergewöhnliche Belastungen mindern dagegen lediglich das zu versteuernde Einkommen.

> **Wichtig:** Die jeweiligen Abzugsbeträge gelten pro Haushalt. Leben also zwei alleinstehende Personen in einem Haushalt zusammen, kommt der Abzugsbetrag nur einmal zum Zug.

Die Steuerermäßigungen lassen sich in drei Gruppen aufteilen:

Steuerermäßigungen

Geringfügiges Beschäftigungsverhältnis Minijob (Arbeitslohn bis 450 Euro/520 Euro im Monat) haushaltsnahe Tätigkeiten im Haushalt des Steuerpflichtigen **(Teilnahme am sog. Haushaltsscheckverfahren)**	**Sozialversicherungspflichtiges Beschäftigungsverhältnis mit haushaltsnahen Tätigkeiten** (Arbeitnehmer) + **haushaltsnahe Dienstleistungen** (Beschäftigter ist kein Arbeitnehmer) + **Pflege- und Betreuungsleistungen einschließlich Heim- und Pflegeunterbringung** (soweit mit Haushaltshilfe vergleichbar)	**Handwerkerleistungen** für Renovierungs-, Erhaltungs- und Modernisierungsmaßnahmen sowie Erweiterungen (z. B. Anbau, Dachgeschoss-Ausbau, Bau einer Garage) in Zusammenhang mit einem bestehenden Haushalt
§ 35a Abs. 1 EStG	§ 35a Abs. 2 EStG	§ 35a Abs. 3 EStG
Steuerermäßigung **20 %** der Aufwendungen, **maximal 510 EUR**	Steuerermäßigung **20 %** der Aufwendungen (nur Arbeitslohn, keine Materialkosten), **maximal 4.000 EUR**	Steuerermäßigung **20 %** der Aufwendungen (nur Arbeitslohn, keine Materialkosten), **maximal 1.200 EUR**

Sämtliche Höchstbeträge **können nebeneinander** in Anspruch genommen werden.

Tätigkeiten müssen im eigenen Privathaushalt innerhalb der EU stattfinden

Um die Steuerermäßigung zu erhalten, muss die Tätigkeit in Ihrem eigenen Privathaushalt durchgeführt werden. Dies kann durch Ihre angestellte Haushaltshilfe oder durch den von Ihnen beauftragten Handwerker geschehen. Ihr privater Haushalt kann nur in selbstgenutzten Häusern oder Wohnungen sein. Das ist zum Beispiel Ihre Miet-, Eigentums- oder Ferienwohnung, nicht aber dauerhaft ungenutzte oder vermietete Immobilien.

Zu Ihrem Privathaushalt gehören auch Garten und Privatwege bis zur Grundstücksgrenze. Gemäß BFH zählt auch noch der an Ihr Grundstück angrenzende Bürgersteig zu Ihrem Haushalt.

Ihr Haushalt kann auch in einem Alten- oder Seniorenwohnheim sein. Voraussetzung dafür ist jedoch, dass die Räumlichkeiten und deren Ausstattung zu einer eigenen Haushaltsführung geeignet sein müssen. Das bedeutet, Bad, WC, Kochgelegenheit, Wohn- und Schlafbereich müssen vorhanden sein.

Die Steuerermäßigung erhalten Sie auch für haushaltsnahe Arbeiten und Dienstleistungen in einer Wohnung, die Sie Ihrem Kind unentgeltlich zur Verfügung stellen, solange Sie für das Kind Anspruch auf Kindergeld bzw. Kinderfreibeträge haben.

Um Anspruch auf die Steuerermäßigung zu haben, muss Ihr Haushalt nicht zwingend in Deutschland liegen. Auch Haushalte in einem Mitgliedstaat der EU/des EWR fallen unter diese Regelung (§ 35a Abs. 4 EStG).

Haushaltsnahe Beschäftigungen

Falls Sie Aufwendungen für eine **Haushaltshilfe** haben, kann dies unmittelbare Auswirkungen auf die Steuerschuld haben. Unter die Aufwendungen fallen beispielsweise solche für die Zubereitung von Mahlzeiten, die Reinigung der Wohnung, die Gartenpflege oder die Betreuung von alten Personen.

Die Steuerschuld vermindert sich in diesen Fällen um

- 20 Prozent der Aufwendungen, höchstens 510 Euro, wenn es sich für die Haushaltshilfe um eine geringfügige Beschäftigung handelt und Sie am sogenannten Haushaltsscheckverfahren teilnehmen.
- 20 Prozent, höchstens 4.000 Euro, wenn für die Haushaltshilfe Regelbeiträge zur gesetzlichen Sozialversicherung gezahlt werden und es sich nicht um eine geringfügige Beschäftigung handelt oder es sich um sonstige Dienstleistungen – auf Rechnung – handelt, die keine Handwerkerleistungen sind.

Die Steuerermäßigung kann auch in Anspruch genommen werden für die Inanspruchnahme von **Pflege- und Betreuungsleistungen** sowie für Aufwendungen, die wegen der Unterbringung in einem Heim oder zur dauernden Pflege entstehen, soweit darin Kosten für Dienstleistungen enthalten sind, die mit denen einer Hilfe im Haushalt vergleichbar sind. Hierzu ist es erforderlich, dass eine entsprechende Bescheinigung des Heims vorgelegt wird, aus der hervorgeht, welche Dienstleistungen wann und von wem erbracht wurden, welcher Betrag hierfür gezahlt wurde und wer der Empfänger der Gegenleistung ist. Eine Schätzung des prozentualen Anteils am Gesamtaufwand ist dabei ausreichend.

Sofern Sie einer **Wohnungseigentümergemeinschaft** angehören und diese ein Beschäftigungsverhältnis (z. B. zur Reinigung der Gemeinschaftsräume) eingegangen ist, kann die Steuervergünstigung durch Vorlage der Nebenkostenabrechnung geltend gemacht werden. Hierbei ist es wichtig, dass die Aufwendungen separat ausgewiesen und dem jeweiligen Wohnungseigentümer entsprechend seiner Beteiligungsquote zugewiesen werden.

Haushaltsnahe Dienstleistungen

Haushaltsnahe Dienstleistungen, für die eine Steuerermäßigung von 20 Prozent bis maximal 4.000 Euro in Anspruch genommen werden kann, liegen vor, wenn diese von entsprechenden Dienstleistungsunternehmen erbracht werden und Sie hierüber eine Rechnung erhalten.

Inhaltlich unterscheiden sich die haushaltsnahen Dienstleistungen nicht von denjenigen, welche im Rahmen eines haushaltsnahen Beschäftigungsverhältnisses erbracht werden können.

Voraussetzung für die Inanspruchnahme der Steuerermäßigung ist, dass Sie eine ordnungsgemäße Rechnung haben und die Zahlung auf das Konto des Leistungserbringers durch Kontoauszug nachweisen. Barzahlungen werden folglich nicht anerkannt.

Sofern Sie einer **Wohnungseigentümergemeinschaft** angehören und diese haushaltsnahe Dienstleistungen beauftragt, kann die Steuervergünstigung durch Vorlage der Nebenkostenabrechnung geltend gemacht werden. Hierbei ist es wichtig, dass die Aufwendungen separat ausgewiesen und dem jeweiligen Wohnungseigentümer entsprechend seiner Beteiligungsquote zugewiesen werden.

> ***Praxis-Tipp:***
>
> *Sollten die **Umzugskosten** aufgrund mangelnder beruflicher Veranlassung nicht als Werbungskosten abzugsfähig sein, kommt nach einer Verfügung der OFD Koblenz ein Ansatz bei den begünstigten haushaltsnahen Dienstleistungen infrage, wenn der Umzug durch einen Spediteur durchgeführt wurde. Ähnlich beispielsweise den Kosten für Malerarbeiten in der selbst genutzten Wohnung werden vom Finanzamt bis zu 3.000 Euro im Jahr für Umzugskosten anerkannt. Hiervon werden 20 Prozent von der Einkommensteuerschuld abgezogen, zusammen mit den anderen Abzugsbeträgen bis zu maximal 4.000 Euro.*
>
> *Berücksichtigungsfähig sind allerdings nur die reinen Arbeitskosten. Außerdem ist ein Nachweis der Aufwendungen durch Rechnung des Speditionsunternehmens und Nachweis der Zahlung auf ein Konto des Spediteurs durch Bankbeleg erforderlich. Die Rechnung darf also nicht bar beglichen werden.*

Handwerkerleistungen

13 Sofern Sie Handwerkerleistungen für Renovierungs-, Erhaltungs- und Modernisierungsmaßnahmen in Anspruch nehmen, mindert sich die Einkommensteuer um 20 Prozent der Aufwendungen, maximal um einen Betrag von 1.200 Euro. Angesetzt werden können allerdings nur die reinen Lohnkosten. Materialaufwendungen sind nicht begünstigt.

Auch hier ist Voraussetzung, dass Sie eine Rechnung haben, die den Lohnkostenanteil separat ausweist, und dass Sie die Zahlung auf das Konto des Leistungserbringers durch Kontoauszug nachweisen.

Sofern Sie einer Wohnungseigentümergemeinschaft angehören und die Handwerkerleistungen durch den Hausverwalter abgewickelt werden, reicht als Nachweis die Jahresabrechnung aus. Hierbei ist es wichtig, dass die Lohnanteile für die Handwerkerleistungen separat ausgewiesen und dem jeweiligen Wohnungseigentümer entsprechend der Beteiligungsquote zugewiesen werden.

Praxis-Tipp:

Welche Dienstleistungen im Einzelnen steuerlich geltend gemacht werden können, können Sie dem BMF-Schreiben vom 09.11.2016 (GZ. IV C 8 – S 2296-b/07/10003 :008, Aktualisierung des BMF-Anwendungsschreibens zu § 35a EStG vom 10.01.2014) entnehmen.

Dabei ist zu beachten, dass haushaltsnahe Dienstleistungen, die nicht nur auf Ihrem Grundstück erbracht werden (z. B. Straßenreinigung durch einen Hausmeisterservice), entgegen dem BMF-Schreiben zu berücksichtigen sind (BFH, Urteil vom 20.03.2014, Az. VI R 56/12).

Tierbetreuungs-, Tierpflege- und Tierarztkosten

Tierbetreuungs- und -pflegekosten sowie Tierarztkosten lehnte die Finanzverwaltung bisher als haushaltsnahe Dienstleistungen ab.

Der BFH hat 2016 entschieden, dass die Betreuung einer Hauskatze in der Wohnung durch einen externen Dienstleister als berücksichtigungsfähige haushaltsnahe Dienstleistung anzuerkennen ist (BFH, Urteil vom 03.09.2015, Az. VI R 13/15).

Nicht begünstigt sind jedoch Tierarztkosten, da die Leistungen des Arztes zu solchen Tätigkeiten gehören, die nicht mehr typischerweise von Angehörigen des privaten Haushalts durchgeführt werden können.

14.

Tipps und Informationen

Tipps und Informationen

Nachfolgend finden Sie noch einige Tipps und Informationen, die für die steuerliche Gestaltung wichtig sind.

Steuerklassenwahl

Die Steuerklassen bestimmen, welche persönlichen Verhältnisse und, damit zusammenhängend, welche Freibeträge bei der Berechnung der Lohnsteuer zu berücksichtigen sind. Des Weiteren bestimmt die Steuerklasse, ob die Grundtabelle oder aber die Splittingtabelle Anwendung findet.

Insgesamt gibt es sechs Steuerklassen, wobei den einzelnen Klassen folgende Arbeitnehmer zugeordnet werden:

Steuerklasse I: Gilt für alle alleinstehenden Arbeitnehmer (ledig, dauernd getrennt lebend, geschieden, verwitwet).

Steuerklasse II: Gilt für alle alleinstehenden Arbeitnehmer, bei denen mindestens ein Kind zum Haushalt gehört, für das Anspruch auf Kindergeld oder Kinderfreibetrag besteht. Wichtig ist, dass die Steuerklasse II nur den „echten Alleinerziehenden“ zugutekommt.

Steuerklasse III: Gilt im Wesentlichen bei einer Zusammenveranlagung, wenn der andere Ehegatte entweder keinen Arbeitslohn bezieht oder aber nach Steuerklasse V besteuert wird. Die Kombination III/V ist eine von zwei möglichen Kombinationen bei zusammen veranlagten Ehegatten und wird nur auf Antrag eingetragen.

Steuerklasse IV: Gilt grundsätzlich, wenn beide nicht dauernd getrennt lebenden Ehegatten Arbeitslohn beziehen. Nach der Heirat wird automatisch die Steuerklassenkombination IV/IV eingetragen, nur auf Antrag ist ein Wechsel in die Kombination III/V möglich. Bei der Steuerklasse IV werden beide Ehegatten wie alleinstehend behandelt. Darüber hinaus ist bei der Steuerklassenkombination IV/IV das sogenannte Faktorverfahren möglich.

Steuerklasse V: Gilt immer dann, wenn sich einer der Ehegatten auf Antrag in Steuerklasse III befindet.

Steuerklasse VI: Gilt, wenn Sie neben der ersten Tätigkeit eine oder mehrere weitere Tätigkeiten ausüben und dort mehr als 450 Euro verdienen.

Aus dieser Übersicht ist erkennbar, dass nur zusammen veranlagte Ehegatten die Wahlfreiheit haben, zwischen verschiedenen Steuerklassenkombinationen, nämlich IV/IV oder III/V, zu entscheiden. Als Faustregel gilt, dass die Kombination III/V günstiger ist, wenn der höher verdienende Ehegatten 60 Prozent oder mehr zum Gesamtbruttoarbeitslohn beiträgt. In diesem Fall ist der Ehegatte mit dem höheren Arbeitseinkommen in Steuerklasse III, der mit dem niedrigeren in Steuerklasse V einzureihen.

Praxis-Tipp:

Die Wahl der Steuerklasse hat keine Konsequenzen auf die Gesamtsteuerbelastung. Mit einer geschickten Wahl der Steuerklassenkombination ist lediglich zu erreichen, dass das monatliche Nettogehalt höher ausfällt. Im Rahmen der Einkommensteuerveranlagung werden etwaige Unterschiede wieder ausgeglichen. Wer also im Laufe eines Jahres eine für ihn ungünstige Kombination gewählt hat, erhält zu viel bezahlte Steuern im folgenden Jahr zurück.

Beachten Sie außerdem, dass die Steuerklassenwahl nicht nur unter steuerlichen Gesichtspunkten zu treffen ist. Ehegatten sollten daran denken, dass Lohnersatzleistungen, wie Arbeitslosengeld, Arbeitslosengeld II, Unterhaltsgeld, Krankengeld, Versorgungskrankengeld, Verletztengeld, Übergangsgeld oder Elterngeld von dem zuletzt bezogenen Nettoarbeitslohn abhängen können. Für Arbeitnehmer in der Steuerklasse V sind diese Lohnersatzleistungen daher geringer als bei gleich hohem Bruttoarbeitslohn, für den die Lohnsteuer nach den Steuerklassen III oder IV einzubehalten ist.

Lohnsteuerabzug/ELStAM

Die Lohnsteuerkarte bzw. Ersatzbescheinigung wurde zum 01.01.2013 durch die sogenannten **E**lektronischen **L**ohn**St**euer**A**bzugs**M**erkmale (ELStAM) ersetzt. Steuerlich relevante Ereignisse (z. B. Eheschließung,

Kirchenein- bzw. -austritt, Geburt oder Adoption eines Kindes) werden seither automatisch nach Eintragung im Melderegister berücksichtigt. Verpflichtet zu einer Änderung der Lohnsteuerabzugsmerkmale sind Sie, wenn

- sich die Verhältnisse für die Eintragung der Steuerklasse und der Kinderfreibeträge vor Beginn eines Jahres ändern.
- Sie als Arbeitnehmer vor Beginn oder im Laufe eines Jahres beschränkt einkommensteuerpflichtig werden.

Sie haben die Möglichkeit, die für Sie hinterlegten Daten im ELSTER-Portal (www.elster.de) jederzeit zu kontrollieren. Hierfür ist lediglich eine Registrierung mit der persönlichen Steueridentifikationsnummer notwendig (s. o.), bei Ehegatten muss jeder Partner registriert sein.

> ***Praxis-Tipp:***
>
> *Sie sollten bei Änderungen immer im ELSTER-Portal kontrollieren, ob diese auch tatsächlich eingetragen wurden. Bei fehlerhaften Daten finden Sie auch die Änderungsanträge in diesem Portal (www.elster.de).*

Lohnsteuerermäßigungsverfahren

Bestimmte Aufwendungen mit steuerlicher Wirkung, welche beim jeweiligen Steuerpflichtigen üblicherweise anfallen, können als Freibeträge bei den ELStAM hinterlegt werden. Der Freibetrag mindert Ihr zu versteuerndes Einkommen, damit fließt Ihnen monatlich ein höheres Nettoeinkommen zu. Für das laufende Kalenderjahr ist eine Änderung bis zum 30.11. möglich.

Eintragungsfähig sind:

- Werbungskosten, sofern sie den Pauschbetrag von 1.200 Euro übersteigen
- Sonderausgaben – ohne Vorsorgeaufwendungen –, sofern sie den Pauschbetrag von 36 Euro/72 Euro übersteigen
- um die zumutbare Belastung gekürzte außergewöhnliche Belastungen
- Pauschbeträge für Menschen mit Behinderung und Hinterbliebene

14

- Verluste aus Vermietung und Verpachtung, Gewerbebetrieb, selbstständiger Arbeit usw.
- Steuerermäßigung wegen Aufwendungen für haushaltsnahe Dienstleistungen und Handwerkerleistungen

Das Gesetz unterscheidet zwischen Ermäßigungsgründen, die nur unter Beachtung einer betragsmäßigen Grenze eingetragen werden können, und solche, bei denen die Eintragung uneingeschränkt zulässig ist. Ein Antrag auf Änderung der ELStAM wegen erhöhter Werbungskosten, erhöhter Sonderausgaben oder außergewöhnlicher Belastungen ist zulässig, wenn die abziehbaren Beträge insgesamt eine Antragsgrenze von 600 Euro überschreiten. Die übrigen Ermäßigungsgründe (Pauschbetrag für Menschen mit Behinderung und Hinterbliebene, voraussichtliche Verluste aus anderen Einkunftsarten) bleiben hiervon unberührt.

Den Freibetrag können Sie grundsätzlich für zwei Jahre beantragen. Der Freibetrag greift ab dem 01. des Folgemonats nach der Eintragung in Ihre ELStAM. Grundsätzlich beginnt das Lohnsteuerermäßigungsverfahren am 01.10. des Vorjahres, für den der Freibetrag gelten soll. Ab dem 01.10.2022 eingetragene Freibeträge gelten dann ab dem 01.01.2023 bis längstens 31.12.2024.

Beispiel:

Sie beantragen einen Freibetrag in Höhe von 2.400 EUR am

30.10.2022	Der Freibetrag greift ab dem 01.11.2022 und wird auf die restlichen Monate des Jahres aufgeteilt. Für November und Dezember also jeweils 1.200 EUR.
30.11.2022	Der Freibetrag greift ab dem 01.12.2022, Sie erhalten im Dezember den vollen Freibetrag von 2.400 EUR.
30.10.2022 (für 2 Jahre)	Der Freibetrag greift ab dem 01.11.2022 und wird auf die restlichen Monate des Jahres aufgeteilt. Für November und Dezember also jeweils 1.200 EUR. Ab dem 01.01.2023 monatlich 200 EUR.
30.11.2022 (für 2 Jahre)	Der Freibetrag greift ab dem 01.12.2022, Sie erhalten im Dezember den vollen Freibetrag von 2.400 EUR. Ab dem 01.01.2023 monatlich 200 EUR.

Vorauszahlungen

Die Einkommensteuer entsteht erst mit Ablauf eines Kalenderjahres, ihre endgültige Festsetzung erfolgt im Rahmen des Einkommensteuerbescheids. Erst danach wird sie fällig und muss gezahlt werden.

Um diese Zeit zu überbrücken, hat der Gesetzgeber ein Vorauszahlungsverfahren entwickelt. Arbeitnehmer leisten dabei auf die von ihnen bezogenen Lohneinkünfte durch Abzug der Lohnsteuer monatliche Vorauszahlungen im Rahmen des sogenannten Quellenabzugsverfahrens (Steuerabzug an der Einnahmenquelle). Bei Einkünften aus Vermietung und Verpachtung, Gewinnen aus gewerblicher bzw. freiberuflicher Tätigkeit oder aus Land- und Forstwirtschaft und bei Kapitalerträgen aus Konten und Depots im Ausland setzt das Finanzamt dagegen vierteljährliche Vorauszahlungen fest.

Beispiel:

Herr Eil betreibt nebenberuflich einen Reparaturservice für Modellautos. Aus dieser Nebentätigkeit erzielt er einen jährlichen Gewinn von ca. 8.000 EUR (Einkünfte aus Gewerbebetrieb). Während für den bezogenen Bruttolohn monatlich Lohnsteuer einbehalten und an das Finanzamt abgeführt wird, ist dies bei den Einkünften aus Gewerbebetrieb nicht der Fall. Hier greift das Vorauszahlungsverfahren.

Vorauszahlungen werden durch einen eigenen Bescheid festgesetzt. Grundsätzlich sind sie zum 10.03., 10.06., 10.09. und 10.12. zu zahlen. Sie werden bei der Berechnung der Einkommensteuerschuld in gleicher Weise wie die bezahlte Lohnsteuer berücksichtigt. Zu viel bezahlte Steuer wird zurückerstattet. Waren die Vorauszahlungen insgesamt zu niedrig, ist innerhalb von einem Monat seit Bekanntgabe des Steuerbescheids der Nachzahlungsbetrag zu leisten.

Praxis-Tipp:

Berechnet werden die Vorauszahlungen auf Basis der voraussichtlich zu erwartenden Jahressteuer. Grundlage ist die Einkommensteuerfestsetzung im Rahmen des letzten Einkommensteuerbescheids. Werden dem Finanzamt während des Steuerjahres Sachverhalte bekannt, wonach die Steuerschuld vermutlich höher als im vergangenen Jahr sein wird (z. B. die Anmeldung eines Gewerbes), werden die Vorauszahlungen entsprechend erhöht. Können Sie glaubhaft machen, dass die Steuerschuld geringer ausfallen wird (z. B. aufgrund niedrigerer Gewinne), beantragen Sie am besten bei Ihrem Finanzamt die Herabsetzung der Vorauszahlungen.

Vorauszahlungen werden im Übrigen festgesetzt, wenn sie mindestens 400 Euro im Kalenderjahr und mindestens 100 Euro für einen Vorauszahlungspunkt betragen.

Beispiel:

Herr Huber hat seine Einkommensteuererklärung für das Jahr 2022 bei der Finanzverwaltung eingereicht. Aufgrund seiner im Februar 2022 begonnenen Tätigkeit als Versicherungsmakler erzielte er im Jahr 2022 Einkünfte, aus welchen noch keine Steuer einbehalten wurde. Dies führt für das Jahr 2022 zu einer Steuernachzahlung von 3.000 EUR. Das Finanzamt wird im Ergebnis nun für das Jahr 2022 und folgende Jahre Steuervorauszahlungen festsetzen. Je nachdem, wie weit das Jahr 2023 bei Ergehen des Steuerbescheids bereits fortgeschritten ist, wird die Nachzahlung in Höhe von 3.000 EUR durch die Restquartale geteilt. Das bedeutet: Wenn bei Ergehen des Steuerbescheids z. B. das 2. Quartal bereits vorüber ist, wird das Finanzamt jeweils für das 3. und 4. Quartal eine Vorauszahlung in Höhe von 1.500 EUR festsetzen. Ab 2024 beträgt die Vorauszahlung 3.000 EUR/4 Quartale folglich 750 EUR pro Quartal.

Heirat

Mit der Eingehung einer Ehe (Hinweis: seit Oktober 2017 gibt es die sog. "Ehe für alle", die die eingetragene Lebenspartnerschaft abgelöst hat) sind auch steuerliche Folgen verbunden.

Die bedeutsamste Konsequenz besteht darin, dass sich Ehegatten zusammen veranlagen lassen und vom Splittingverfahren profitieren können. In vielen Fällen ist dies günstig und führt insgesamt zu einer niedrigeren Steuerbelastung. Da das Splittingverfahren für ein ganzes

Jahr gilt, kann es sinnvoll sein, noch im Dezember anstatt erst im Januar des nächsten Jahres zu heiraten.

Für das Jahr der Eheschließung können Ehegatten auch die sogenannte besondere Veranlagung wählen. Die Besteuerung wird dann so durchgeführt, als ob sie nicht verheiratet wären. Diese Veranlagungsform ist nur noch sinnvoll, wenn eine verwitwete Person im Jahr nach dem Tod des Ehegatten wieder heiratet. In diesem Fall kann die Witwe/der Witwer für sich allein noch den Splittingtarif geltend machen (sogenanntes Witwenprivileg).

Neben Zusammenveranlagung und besonderer Veranlagung im Jahr der Eheschließung können Ehegatten, die nicht dauernd getrennt leben, die getrennte Veranlagung wählen, was in manchen Fällen Vorteile bringen kann, wenn

- einer der Ehegatten zwar steuerfreie, aber dem Progressionsvorbehalt unterliegende Einkünfte bezieht (z. B. Arbeitslosengeld, ausländische Einkünfte) und der andere Ehegatte steuerpflichtige Einkünfte hat.
- einer der Ehegatten tarifbegünstigte Einkünfte erzielt (z. B. Betriebsaufgabegewinne).
- ein Ehegatte Verluste erzielt und der andere geringe eigene Einkünfte hat.
- beide Ehegatten Nebeneinkünfte bis jeweils 410 Euro beziehen, die in der Summe 410 Euro übersteigen.
- bei den Vorsorgeaufwendungen der Vorwegabzug des einen Ehegatten durch die Lohneinkünfte des anderen Ehegatten gekürzt wird.

> ***Praxis-Tipp:***
>
> *Beachten Sie, dass Sie jedes Jahr neu entscheiden können, welche Veranlagung Sie wählen. Ob eine getrennte Veranlagung tatsächlich günstiger als die Zusammenveranlagung ist, kann nur durch eine Vergleichsberechnung der Veranlagungsformen ermittelt werden. Ohne Zuhilfenahme von EDV ist dies nur schwer möglich. Hier hilft im Zweifel ein Steuerberater weiter.*

Steuerfreie Einnahmen und Progressionsvorbehalt

Im Einkommensteuergesetz sind zahlreiche Einnahmen normiert, die Ihnen steuerfrei zufließen können. Von diesen steuerfreien Einnahmen wiederum unterliegen einige dem sogenannten „Progressionsvorbehalt".

Progressionsvorbehalt bedeutet, dass diese Einnahmen selbst nicht besteuert, aber zur Berechnung des Steuersatzes herangezogen werden.

Beispiel:

Ein verheirateter Arbeitnehmer hat ein zu versteuerndes Einkommen von 24.000 EUR. Seine Ehefrau hat im gesamten Jahr Arbeitslosengeld in Höhe von 8.000 EUR bezogen. Ohne das Arbeitslosengeld der Ehefrau beträgt die festzusetzende Einkommensteuer 2022 1.410 EUR.

Da das Arbeitslosengeld dem Progressionsvorbehalt unterliegt, ist wie folgt zu verfahren: In einem 1. Schritt wird das Arbeitslosengeld unter Abzug des Werbungskostenpauschbetrags in Höhe von 1.200 EUR dem zu versteuernden Einkommen zugeschlagen. Der 2. Schritt besteht darin, festzustellen, wie hoch der durchschnittliche Steuersatz unter Berücksichtigung dieses höheren Einkommens wäre. Dieser Steuersatz wird nun auf das zu versteuernde Einkommen von 24.000 EUR angewandt. Die tatsächliche festzusetzende Einkommensteuer beträgt somit 2.375 EUR und ist damit deutlich höher als ohne Progressionsvorbehalt.

Dem Progressionsvorbehalt unterliegen beispielsweise Arbeitslosengeld, Teilarbeitslosengeld, Zuschüsse zum Arbeitsentgelt, Kurzarbeitergeld, Winterausfallgeld, Insolvenzgeld, Übergangsgeld, Altersübergangsgeld, Krankengeld, Mutterschaftsgeld, Elterngeld und Verletztengeld.

Grundsätzlich steuerfrei und auch nicht dem Progressionsvorbehalt unterliegend sind die Erstattung von Reisekosten, Umzugskosten und Trennungsgelder. Die als Reisekostenvergütungen gezahlten Vergütungen für Verpflegungsmehraufwendungen sind nur insoweit steuerfrei, als sie die Pauschbeträge nicht übersteigen. Für das Trennungsgeld gilt, dass dieses nach Ablauf von drei Monaten steuerpflichtig wird.

Erziehungsrente

Auch Geschiedene können eine Rente erhalten, wenn sie ein Kind erziehen und ihr geschiedener Ehepartner stirbt. Diese Rente dient somit als Unterhaltsersatz und erlaubt es, sich verstärkt um die Erziehung der Kinder zu kümmern.

Diese Rente ist genau wie die Regelaltersrente mit dem Besteuerungsanteil bei Rentenbeginn zu besteuern (2022 beträgt dieser 82 Prozent, siehe Tabelle in Kapitel 5 Abschnitt „Wer ist betroffen?“). Dies hat der BFH mit Urteil vom 19.08.2013 (Az. X R 35/11) entschieden.

Antrag auf Änderung, Einspruch und Klage

Beim Erlass von Steuerbescheiden können sich Fehler einschleichen, zum Beispiel bei der Übertragung der Daten aus dem Formular in den Computer. In einem solchen Fall ist es am einfachsten, sofort nach Erhalt des Bescheids den zuständigen Sachbearbeiter anzurufen und zu versuchen, die Angelegenheit unbürokratisch zu regeln. In den meisten dieser Fälle wird ein neuer Bescheid erlassen, und die Sache ist erledigt. Im Zweifelsfall ist ein formloser schriftlicher Antrag auf schlichte Änderung des Bescheids zu stellen.

Wenn dies nicht weiterhilft und Sie einen Einkommensteuerbescheid für rechtswidrig halten, da einzelne Positionen nicht anerkannt wurden, so steht Ihnen als Rechtsmittel im außergerichtlichen Verfahren der Einspruch zur Verfügung. Zulässig ist der Einspruch allerdings nur, wenn Sie „beschwert“ sind, also durch den Ihrer Auffassung nach fehlerhaften Bescheid einen Nachteil haben, das heißt wenn der erwartete Erstattungsbetrag niedriger ausfällt als bei Berücksichtigung der streitbehafteten Positionen.

Praxis-Tipp:

In der Beratungspraxis lässt sich immer wieder feststellen, dass Personen Einsprüche wegen der Nichtberücksichtigung von verschiedenen Positionen einlegen, ohne die Rechtslage genau zu kennen.
Prüfen Sie daher vor Einlegung eines Einspruchs genau, ob Aussicht auf Erfolg besteht. Falls die Abweichung von der Erklärung auf dem Steuerbescheid

nicht ausreichend erläutert ist, kontaktieren Sie den Sachbearbeiter beim Finanzamt und fragen Sie nach, aus welchen Gründen er den einen oder anderen Ansatz verweigert.

Den Einspruch richten Sie unter Angabe der Steuernummer und des angefochtenen Bescheids an das zuständige Finanzamt. Im Rahmen des Einspruchs haben Sie die Möglichkeit, die Aussetzung der Vollziehung zu beantragen. Folgt das Finanzamt diesem Antrag, wird die Veranlagung zunächst so durchgeführt, wie Sie es beantragt haben. Das Finanzamt hat dem Antrag zu folgen, wenn ernsthafte Zweifel an der Rechtmäßigkeit des Einkommensteuerbescheids bestehen.

Das formlose Schreiben könnte wie folgt aussehen:

Peter und Petra Peters
Oberbach
StNr.: 999/234/4711/1

Sehr geehrte Damen und Herren,
gegen den Einkommensteuerbescheid 2021 ... legen wir hiermit Einspruch ein. Gleichzeitig beantragen wir die Aussetzung der Vollziehung, da erhebliche Zweifel an der Rechtmäßigkeit des angefochtenen Verwaltungsaktes bestehen.
Begründung: Entgegen unserer Erklärung haben Sie die Kosten für die Anschaffung eines PCs nicht anerkannt, da Sie die berufliche Nutzung nicht nachvollziehen können. Dieser Auffassung ist nicht zu folgen. In der Anlage übersenden wir eine Bescheinigung der Dienststelle, aus welcher eindeutig hervorgeht, in welchem Umfang und für welche Zwecke der PC beruflich genutzt wird. Wir beantragen daher die Änderung des angefochtenen Bescheids und verbleiben ...

Wichtig ist, dass Sie sowohl den Antrag auf schlichte Änderung als auch den Einspruch innerhalb der hierfür vorgesehenen Frist von **einem Monat seit Bekanntgabe des Bescheids** einlegen. In der Regel werden Steuerbescheide mit der Post zugesendet. Als bekanntgegeben gilt ein

Verwaltungsakt bei Postzustellung drei Tage nach der Aufgabe zur Post (beachten Sie den Stempel), auch wenn Sie den Bescheid früher erhalten haben. Fällt dieser dritte Tag auf einen Samstag, Sonntag oder Feiertag, beginnt die Einspruchsfrist erst am darauffolgenden Werktag. Die Monatsfrist endet mit dem Ablauf desjenigen Tages des darauffolgenden Monats, der durch seine Zahl dem Tag entspricht, an dem der Bescheid bekannt gegeben wurde. Ist der letzte Tag der Frist ein Samstag, Sonntag oder Feiertag, endet die Frist ebenfalls am darauffolgenden Werktag.

Beispiel:

Der Briefträger wirft Herrn Meier am 01.10.2022 den Einkommensteuerbescheid in den Briefkasten. Als Herr Meier den Brief abends aus dem Briefkasten nimmt, sieht er, dass der Umschlag am 30.09.2022 abgestempelt wurde. Unter Anwendung der 3-Tages-Fiktion rechnet er aus, dass der Bescheid erst am 04.10.2022 als bekanntgegeben gilt, da es sich beim 3. Tag, dem 03.10.2022, um einen Feiertag handelt. Die Einspruchsfrist endet 1 Monat später am 04.11.2022. Das ist kein Samstag, Sonntag oder Feiertag. Herr Meiers Einspruch gegen den Steuerbescheid muss also spätestens am Freitag, den 04.11.2022, beim zuständigen Finanzamt eingegangen sein, die Monatsfrist endet am 04.11.2022 um 23:59 Uhr.

Praxis-Tipp:

Falls Sie bei der Einkommensteuererklärung Angaben vergessen haben sollten, können Sie diese im Rahmen des Einspruchsverfahrens noch geltend machen. Bedenken Sie allerdings auch, dass Fehler des Finanzamts zu Ihren Gunsten ebenfalls korrigiert werden können.

Sollte der Einspruch keinen Erfolg haben, bleibt als nächster Schritt nur noch die Klage vor dem Finanzgericht. Hier empfiehlt es sich jedoch, die professionelle Hilfe eines Steuerberaters einzuholen.

Was passiert nach Einlegung des Einspruchs?

Nachdem Sie Ihren Einspruch beim Finanzamt eingereicht haben, wird Ihr Einspruch entweder durch den Finanzbeamten, welcher Ihren Steuerbescheid erlassen hat, oder durch die Rechtsbehelfsstelle bearbeitet. Hat das Finanzamt nach sechs Monaten noch nicht über Ihren Einspruch entschieden, können Sie beim Finanzgericht Untätigkeitsklage erheben (§ 46 FGO). Durch Ihren Einspruch ist der gesamte Steuerbescheid wieder offen; insofern kann das Finanzamt alle Punkte Ihrer Steuererklärung nochmals prüfen.

Das Finanzamt kann im Rahmen der Einspruchsprüfung zu folgenden Ergebnissen kommen:

- Das Finanzamt gibt Ihnen (teilweise) Recht und erlässt einen neuen (teilweise) korrigierten Steuerbescheid. Über die noch offenen Streitpunkte erhalten Sie dann zu einem späteren Zeitpunkt eine Entscheidung.
- Das Finanzamt teilt Ihre Meinung nicht und fordert Sie auf, Ihren Einspruch mangels Erfolgsaussicht schriftlich zurückzunehmen. Folgen Sie dieser Aufforderung, wird Ihr Steuerbescheid bestandskräftig. Andernfalls gibt es eine Einspruchsentscheidung.
- Das Finanzamt beendet das Einspruchsverfahren mit einer förmlichen Einspruchsentscheidung. Diese Einspruchsentscheidung enthält eine Rechtsbehelfsbelehrung. Sollte das Finanzamt im Rahmen der Einspruchsentscheidung nicht Ihrer Auffassung gefolgt sein, bleibt als nächster Schritt nur noch die Klage vor dem Finanzgericht. Hier empfiehlt es sich jedoch, professionelle Hilfe eines Steuerberaters einzuholen. Die Frist für eine Klage beim Finanzgericht beträgt einen Monat und beginnt mit der Bekanntgabe der Einspruchsentscheidung (Drei-Tages-Fiktion, s. o.).
- Das Finanzamt teilt Ihnen mit, dass es den ursprünglichen Steuerbescheid zu Ihrem Nachteil ändern und eine höhere Steuer festsetzen will. Ursache dafür könnte sein, dass der Sachbearbeiter im ursprünglichen Steuerbescheid einen Fehler zu Ihren Ungunsten gefunden hat. Das Finanzamt muss jedoch auf die beabsichtigte „Verböserung“ hinweisen und Ihnen eine angemessene Frist (re-

gelmäßig einen Monat) einräumen, innerhalb der Sie sich hierzu äußern können. Wenn Sie nun Ihren Einspruch vor der Einspruchsentscheidung zurücknehmen, können Sie diese Schlechterstellung vermeiden.

Steuerhinterziehung

Es gibt zahlreiche Bürger, die sich nicht im Klaren darüber sind, dass der Versuch, durch falsche Angaben Steuern zu sparen, kein Kavaliersdelikt, sondern Steuerhinterziehung mit den entsprechenden strafrechtlichen Konsequenzen sein kann. In vielen Fällen hat dies bereits zu einem bösen Erwachen geführt, da die Betroffenen sich der Tragweite ihrer Handlungen oft gar nicht bewusst waren.

Steuerhinterziehung begeht, wer

- den Finanzbehörden oder anderen Behörden über steuerlich erhebliche Tatsachen unrichtige oder unvollständige Angaben macht.
- die Finanzbehörden pflichtwidrig über steuerlich erhebliche Tatsachen in Unkenntnis lässt.
- pflichtwidrig die Verwendung von Steuerzeichen oder Steuerstemplern unterlässt.
- Steuern verkürzt oder für sich oder einen anderen nicht gerechtfertigte Steuervorteile erlangt.

Eine Steuerhinterziehung begeht demnach bereits derjenige, der falsche Angaben zu den Fahrten zwischen Wohnung und Arbeitsstätte macht oder aber falsche Belege einreicht und dadurch steuerliche Vorteile erlangt.

Das Steuerrecht ist das einzige Rechtsgebiet, wo es möglich ist, durch Selbstanzeige straffrei zu bleiben. Plagt Sie Ihr schlechtes Gewissen, sollten Sie sich vor Entdeckung der Tat durch das Finanzamt selbst anzeigen. In diesem Fall müssen zwar die hinterzogenen Steuern einschließlich Zinsen und einem Strafzuschlag nachgezahlt werden, eine Strafe wird jedoch nicht verhängt.

Eingetragene Lebenspartnerschaft

2013 entschied das Bundesverfassungsgericht, dass das Ehegattensplitting auch für eingetragene Lebenspartner Anwendung findet, die bisherige Nichtanerkennung des Splittingtarifs für eingetragene Lebenspartner ist verfassungswidrig. Die Richter urteilten, dass die steuerrechtliche Regelung rückwirkend zum 01.08.2001 geändert werden muss, das heißt, ab der Einführung des Lebenspartnerschaftsgesetzes.

Theoretisch bedeutet das, dass Sie rückwirkend bis 2001 Ihre Steuererklärung von Einzelveranlagung auf Zusammenveranlagung mit Ihrem Lebenspartner (und somit Inanspruchnahme des Splittingtarifs) ändern lassen können. In der Praxis dürfte in den meisten Fällen die Abgabefrist für die Steuererklärung schon verjährt sein.

Damit Sie von dem Urteil profitieren können, darf Ihr Steuerbescheid noch nicht bestandskräftig sein. Allein aufgrund des Urteils können Sie Ihre Steuerbescheide nicht ändern lassen.

In folgenden Fällen ist Ihr Bescheid noch änderbar:

- Ihr Bescheid wurde unter dem sogenannten Vorbehalt der Nachprüfung erlassen. Hier reicht ein schriftlicher Antrag unter Bezugnahme auf das Urteil, dass Sie und Ihr Partner die Zusammenveranlagung beantragen.
- Sie haben jedes Jahr Einspruch gegen die Einzelveranlagung eingelegt und das Finanzamt hat die Bescheide bis zur Entscheidung des Verfassungsgerichts ruhend gestellt. Hier müssen Sie nichts mehr tun. Da die Entscheidung nun vorliegt, werden die Finanzämter die Verfahren wiederaufnehmen und geänderte Steuerbescheide erlassen.
- In allen anderen Fällen profitieren Sie von dem Urteil nur, sofern die Steuerbescheide noch nicht bestandskräftig sind. Dies ist der Fall, wenn:
  - Sie oder Ihr Lebenspartner keine Steuererklärung abgegeben haben. In diesem Fall geben Sie die Steuererklärungen für die letzten vier (maximal sieben) Jahre ab und setzen das Kreuz bei Zusammenveranlagung. Diese Möglichkeit besteht auch, wenn einer von Ihnen jährlich Steuererklärungen abgegeben hat und

die Bescheide bereits bestandskräftig sind, der andere Lebenspartner jedoch in der Vergangenheit keine Steuererklärung abgegeben hat.
- beide Lebenspartner Steuererklärungen abgegeben haben, aber die Steuerbescheide von nur einem Lebenspartner noch offen sind (weil dieser jedes Jahr Einspruch gegen die Einzelveranlagung eingelegt hat). Hier können Sie für jede noch nicht bestandskräftige Steuererklärung nachträglich die Zusammenveranlagung beantragen. Es reicht, dass die Steuerbescheide von einem Lebenspartner noch nicht bestandskräftig sind.

Sofern Ihr Steuerbescheid und der Ihres Lebenspartners bereits bestandskräftig ist, profitieren Sie nicht von dem Verfassungsgerichtsurteil.

Stichwortverzeichnis

15

15